CHRISTA MEVES

Kindgerechte Sexualerziehung

edition
WEISSES KREUZ

CHRISTA MEVES

Kindgerechte Sexualerziehung

Erziehung zur Liebe

edition
WEISSES KREUZ

Christa Meves: Studium der Germanistik, Geographie, Philosophie und Psychologie; frei praktizierende Kinder- und Jugendpsychotherapeutin; Autorin zahlreicher Bücher; Trägerin zahlreicher Auszeichnungen. Ihr besonderes Engagement gilt dem Erhalt der Familie, um Kindern die Grundlage einer guten Entwicklung zu gewährleisten.

Völlig überarbeitete Neuauflage des im Verlag Weißes Kreuz erschienenen Titels »Kindgerechte Sexualerziehung«.

Edition Weißes Kreuz
Bestell-Nr. 865.103
ISBN 3-7751-8103-2

D-71087 Holzgerlingen
Internet: www.haenssler.de
E-Mail: info@haenssler.de
Titelfoto: Bildagentur Mauritius, Stuttgart
Umschlaggestaltung: Ingo C. Riecker
Satz: AbSatz, Klein Nordende
Druck und Bindung: Ebner Ulm
Printed in Germany

Inhalt

Noch ein Aufklärungsbuch?

Brauchen wir heute überhaupt noch Sexualerziehung? Ist das Thema Sexualität nicht weit und breit in aller Munde – muss das nun auch in den Schulen sein, müssen die Eltern wirklich in dieser Hinsicht ein Augenmerk auf die Kinder richten, ist es nicht abgestanden und überholt, dieses Thema noch einmal zu behandeln?

Ich gehöre zur Generation jener Tiefenpsychologen, die sich bis zum Beginn der sechziger Jahre intensiv für eine altersentsprechende Sexualerziehung eingesetzt hat; denn damals sahen wir nur allzu häufig, dass der Mangel an Information bei den Jugendlichen – besonders den Jungen – große Sexualnot entstehen ließ und viele uneheliche und voreheliche Kinder sowie manche traurige Muss-Ehe auf dem Boden von ungenügender Aufklärung entstanden. In jener Zeit konnte man oft entsetzt sein über die ängstigenden und in die Sexualneurose treibenden Reden der Mütter und Väter; denn sie waren nicht in der Lage, ihren Kindern sachgerechte Hilfen zu geben, weil sie über die Entfaltungsphasen des Geschlechtstriebes ebenso unaufgeklärt waren wie diese.

Bis zur Mitte der sechziger Jahre hatte es sich – zumindest bei uns in Norddeutschland – erst in den Familien und teilweise sogar im Schulunterricht eingebahnt, solchen Nöten durch eine gute phasenspezifische Erziehung vorzubeugen und durch sachliche Information eine Ängstigung der Kinder zu vermeiden. Aber dann brandete gegen Ende der sechziger Jahre unversehens die Sexwelle hoch und begrub all unser sorgsames Bemühen um eine entwicklungspsychologisch vertretbare Sexualerziehung unter sich. Was unserer heranwachsenden Generation nun breit in Illustrierten und Fernsehsendungen geboten wurde, war und ist zum Teil für jemanden, der etwas von der Sache versteht, zum Fürchten.

Mit einem Schlag schien das gute und notwendige Wissen abgeschafft, dass nämlich die Seele des Menschen durch die Kindheit hindurch viele Entfaltungsphasen durchmacht und das Kind eine Erziehung braucht, die ihm nicht mehr zumutet, als es in seinem noch unfertigen Zustand ertragen kann und die darauf Acht gibt, was dem Kind zu welcher Zeit angemessen ist. Die gute Prämisse der Entwicklungspsychologie »Alles zu seiner Zeit und alles mit Maß«, entrutschte unter dem Druck der Sexwelle zu einer brutalen Veränderung in Bezug auf die Sexualerziehung. Die neue Parole hieß: »Das Kind ist mit dem Erwachsenen gleichberechtigt. Das Kind hat den Anspruch, an allen Lebensvorgängen der Erwachsenen, also auch an der Sexualität, beteiligt zu sein. Die Kinder müssen zur Sexualität befreit werden.«

Wie aber sieht die Bilanz nach 35 Jahren dieses Trends aus? Eine Schlagzeile der Zeitung mit den großen Buchstaben lautete kürzlich: »Schrecklich – mitten in Deutschland: Kinder für Pornos verkauft!« Und dann wird erläutert: »300 000 Kinder werden in Deutschland jedes Jahr misshandelt, tausende für verbotene Videos benutzt.« Das also ist das Ergebnis einer jahrzehntelangen Manipulation des Geschlechtstriebes und einer ideologisierten Sexualerziehung! Und die Ignoranz bzw. die Unverfrorenheit der täglich millionenfach verkauften Boulevardzeitung kommt besonders in ihrer moralischen Entrüstung zum Ausdruck. Diese Zeitung ist schließlich seit Jahrzehnten stets maßgeblich daran beteiligt, dass durch sexualisierende Berichte und Fotos die Entfesselung zur Sexualsucht und damit die Fesselung an den Trieb geschürt wurden.

Da ist offenbar kein Gefühl mehr für Verantwortung, auch keine Scham und nichts mehr von einem so berechtigten Schuldbewusstsein an dem nun beklagten Zustand in Deutschland. Die Verkaufszahlen allein regieren – im Wissen um die Sensationslust und die Interessenschwerpunkte der Bundesbürger. Und die liegen nun einmal nach 35-jähriger fleißigster Manipulation im Sex. Gewiss, das sexuelle Interesse an sich ist ebenso elementar wie lustvoll, das ist eine Grundgegebenheit in der Urausstattung des Menschen. Aber gerade deshalb gehörte auch der Umgang mit seinen Antrieben und ihrer maßvollen Steuerung zum Bemühen des Menschen, seit er zur Kultivierung erwacht ist.

Doch von der Mitte der sechziger Jahre an wurden die Deiche aus Moral, Scham und gesundem Menschenverstand als überflüssig beseitigt und für die Kinder der Weg zur sexuellen Lust als Lebensziel in deutscher Gründlichkeit geöffnet. Sex als Glück von der Wiege bis zur Bahre wurde zur Devise und begann, die Trends in den Ratgebern für Eltern, in der Schulsexualerziehung, in den Aufklärungsschriften und -sendungen der elektronischen Medien zu bestimmen. Nicht allein der vervielfältigte sexuelle Missbrauch der Kinder durch erwachsene Männer ist das Ergebnis, sondern darüber hinaus die Zunahme der so genannten Sexualsucht, der Geschlechtskrankheiten, Abtreibungen, Frauenkrankheiten und Perversionen wie auch die Zunahme von Ehescheu, Impotenz und Sexualneurosen.

Freilich, für jeden Kenner der Triebgesetze war das vorauszusehen. Prognosen darüber sind deshalb in vielen meiner früheren Arbeiten, Vorträgen und Aufsätzen enthalten und speziell für die Jahrhundertwende immer wieder erstellt worden. Wie richtig mein Antriebskonzept war und ist, lässt sich jetzt an den Ergebnissen ablesen.

Dennoch gibt es in der Bundesrepublik Deutschland eine erhebliche Zahl von Familien, in denen mit wacher Sorge und Einsicht in die Gefahren eine bewusste Gegenkultur gelebt worden ist und weiter praktiziert wird. Hier werden gute Früchte geerntet, die mir in vielen bestätigenden Berichten vorliegen. Sie können zwar nicht mehr sein als umflutete Halligen im Meer chaotischer Trends, die dem Nachahmer Mensch – und ganz besonders den noch unfertigen Jugendlichen – die Diktatur der 51 % aufzunötigen suchen. Für die Erzieher, die sich dennoch den gesunden Menschenverstand und einen gesunden Überlebenswillen bewahrt haben, soll deshalb erneut in später Stunde der Versuch gemacht werden, verantwortlichen Menschen ein Stück Grundwissen über Sexualerziehung zu vermitteln, damit Orientierung und ein wirksamer Widerstand gegen die Schlammflut weiter möglich bleiben.

Um in der heutigen Situation entsprechend argumentieren zu können, bedürfen die Erzieher zunächst einer umfangreichen Information über die theoretischen Hintergründe der Sexwelle. Sie brauchen Klarheit über die ideologischen Desinformationen, die in den Medien verbreitet werden und als maßgeblicher Trend grassieren. Erst auf dem Boden eines vertieften Wissens können Erzieher pädagogische Schwerpunkte in der Sexualerziehung setzen und vermitteln.

I. Die Hintergründe der Sexwelle

Die Ursachen der Sexwelle sind in mehreren Faktoren zu suchen:

1. Die Erfindung der Antibabypille und ihre Freigabe ab 1964 in der damaligen Bundesrepublik Deutschland bildeten eine enthemmende Voraussetzung für die Sexwelle.

2. Leibfeindliche Übertreibungen in der Vergangenheit erzeugten einen liberalistischen Antriebsdruck angesichts dieser veränderten Situation.

3. Das zunehmend größer werdende emotionale Defizit der Kinder im Wohlstandsdeutschland kam dem Angebot der Sexwelle entgegen, Intimbeziehungen von der Geschlechtsreife an einzugehen.

4. Ab 1968 wurde die aufsprießende Sexwelle bewusst zur marxistischen Unterwanderung der Bundesrepublik eingesetzt.

5. Die gezielte Mithilfe der Medien, der Organisationen und staatlichen Institutionen bewirkte eine liberalistische Einseitigkeit der öffentlichen Meinung und durch ihre Mehrheit eine Verhaltensdiktatur im sexuellen Bereich.

6. Das Auftauchen und die Verbreitung der Geschlechtskrankheit Aids heizten die Verhütungsindustrie und die Potenzierung einer oft desinformierenden Aufklärung an.

Der Einfluss dieser Faktoren soll zunächst erläutert werden.

1. Die Erfindung der Antibabypille

Am Anfang der sexuellen Revolution stand die Erfindung der so genannten Antibabypille durch den amerikanischen Arzt Pinkus. Durch regelmäßige Einnahme einer täglichen Hormongabe konnte der monatliche Eisprung der Frau nun verhindert werden. Bei den Pillen der ersten Generation wurde infolgedessen auch die Menstruation ausgeschaltet und durch eine so genannte Abbruchblutung ersetzt. Die Pille schränkte die Furcht vor unerwünschter Schwangerschaft in bisher nie gekannter Form ein und ermöglichte dadurch eine größere Freizügigkeit im sexuellen Verhalten. Das wiederum bewirkte generell ein Mehr an sexuellem Umgang der Menschen miteinander sowie ein Mehr an sexuellen »Versuchungssituationen« für Jugendliche, ledige Erwachsene und selbst für Ehepartner. Die hohe Sicherheit der Pille, mit der sie alle bisher im Handel befindlichen Verhütungsmittel übertraf, führte zu einer zunehmenden Abspaltung der Sexualität von der Fortpflanzung. Sexuelle Lust wurde zu einem Genussziel »ohne Reue«. Die Pille förderte so eine allgemeine Promiskuität (Geschlechtsverkehr mit häufig wechselnden Partnern), aber auch deren Folgen:

1. Sprunghafter Anstieg der Ehescheidungen;
2. zunehmende Unwilligkeit zur Gründung von Ehe und Familie;
3. mehr Liebeskummer durch die Zunahme zerbrechender Beziehungen.
4. Auf medizinischem Gebiet kam es zu einem gigantischen Anstieg der Frauenkrankheiten, wobei genitale

Infektionen und Karzinome – auch bereits von jungen Frauen – an der Spitze stehen.

5. Das bewirkt, dass heute eine Vielzahl von ihnen nicht mehr gebärfähig ist.

2. Die Sexwelle als Reaktion auf leibfeindliche Übertreibungen der Vergangenheit

Warum wurde seit der Freigabe der Antibabypille in der damaligen Bundesrepublik die jetzt allseitig propagierte »Befreiung zur Sexualität« so unbedenklich leichtfertig, ja begierig aufgenommen? Das hat viele Gründe. Am Anfang stand vermutlich ein kaufmännischer Gesichtspunkt: Seine Durchschlagskraft erhielt das Thema Sexualität zunächst durch die Verkäuflichkeit dieser Ware. Ohne diesen Gesichtspunkt, ohne die Entdeckung dieser Goldpfründe durch unsere zielbewussten Pharmakonzerne und durch die von keinen Gewissensskrupeln gestörten Werber des Sexus in der Regenbogenpresse wäre es nicht mit so leichter Hand möglich gewesen, dass dieser »Segen« Einkehr genommen hätte in jedes damalige bundesdeutsche Wirtschaftswunderhäuschen.

Aber was machte denn dieses Thema so verkäuflich? Das war zunächst vor allem der Reiz des Neuen, der Reiz des bisher Untersagten, Verbotenen, Verhüllten; der Blick durch einen Vorhang, eine Tür, die vorher zugezogen worden war – immer gerade dann, wenn die kindliche Neugier siedete. Es erfolgte hier durch die Freigabe der Pille eine Trendwende, weg von der extremen Tabuisierung dieses Bereiches. In früheren Jahren konnte man am Einzelfall in der Praxis diese Grundstimmung der Neugier bei gleichzeitig gehemmter Sexualität häufig konstatieren.

Ein bezeichnendes Beispiel war der zwanzigjährige Stefan, der 1966 bei mir psychotherapeutischen Rat suchte, weil jede genitale Sensation ausblieb, wenn er ein Mädchen küsste oder berührte, der aber beim Anblick pornographischer Bilder oder beim Beobachten von Liebespaaren von einem Versteck aus sich selbst befriedigte. Als Ursache dieser Genitalangst erwies sich eine mütterliche Erziehung, die Sexualität in einer ungewöhnlich abwertenden Weise tabuisierte. Als eine Nachbarsfrau der Mutter berichtet hatte, dass der siebenjährige Stefan die kleinen Mädchen der Nachbarschaft doktor-spielend angeschaut und berührt habe, war er einer harten Prügelstrafe und langfristiger Diffamierung unterzogen worden. Diese negative Kindheitserfahrung wirkte auf den Jungen so stark, dass er sich noch an der Schwelle zum Erwachsenenalter an diese Tabuisierung unbewusst gefesselt erwies.

In der Phantasie des jungen Mannes wurden gegengeschlechtliche Impulse durch Schuldgefühle und Strafangst blockiert. Wer unbewusst fürchtet, bestraft zu werden, wenn er einem Mädchen nachsteigt, wird versuchen, solchen Gefahren auszuweichen. Die Impotenz des Jungen stand im Dienst solcher Vermeidungen. Ein betont gesteigerter sexueller Drang kann also in den Vordergrund treten, wenn auf die kindlichen Bekundungen sexueller Neugier mit heftigen Verboten geantwortet wird. Der Mensch kann dann partiell an solche frühkindlichen Entwicklungserlebnisse fixiert bleiben.

Die möglichst bis ins Erwachsenenalter verdrängte Sexualität gehörte zur kollektiven Grundstimmung in der Erwachsenengeneration der sechziger Jahre. Sie bot für die exhibierenden Geldmacher in Film und Illustrierten die passenden Auslöser. Deshalb feierten sexuelle Themen am Ende der sechziger Jahre ihre Triumphe. Gewiss: Überdruck, der sich explosionsartig nach außen entlädt, kann eine entlastende Funktion haben. Das hätte auch bei der sexuellen Revolte der Fall sein können, wenn sie nämlich zu dem Wissen verholfen hätte, das wir Fachleute schon seit Jahrzehnten erprobt und angewendet hatten: Kinder brauchen eine altersentsprechende Hilfe in ihrem Fragen und Suchen nach den Geheimnissen der Lebensentstehung und es ist nötig, sie in dieser Hinsicht zu führen, anstatt sie allein zu lassen und für Handlungen zu strafen, die sie erst durch diese Strafen als »schmutzige Schandtaten« zu empfinden lernen.

Aber so einfach und komplikationslos pflegt es bei Entkrampfungen dieser Art nicht zu gehen. Oft erfolgen zunächst Übertreibungen ins Gegenteil. Bei unserer modernen Revolte lief das nicht anders. Für mich als Tiefenpsychologin besteht das verblüffendste Phänomen der modernen Entwicklung darin, dass man plötzlich ab 1968 neu den Freudianismus propagierte (an der praktischen Erfahrung sind Freuds Theorien ja längst korrigiert und modifiziert worden!) oder plötzlich erneut seine Schüler Wilhelm Reich und Herbert Marcuse glorifizierte. Mit großem Getöse hob man Gott Sexus auf den Thron und erfand sogar einen bösen, zu bekämpfenden Feind: die repressive Gesellschaft und die konservativen Fundamentalisten.

Mit der Realität hatte das wenig zu tun, wohl aber mit einer historisch weidlich bekannten Gegebenheit: Wo gestaute Aggression sich entladen will, braucht sie einen »Feind«, einen Sündenbock. Denn das wissen wir von den Verhaltensforschern: Kein Triebziel lässt sich erreichen ohne ein handfestes Triebobjekt. Und deshalb braucht jeder gestaute Aggressionstrieb den Anreiz durch einen Sündenbock, auch wenn dieser noch so illusionär oder so attrappenhaft ist wie »die repressive Gesellschaft« und ihre »Reaktionäre«.

3. Das emotionale Defizit in der Wohlstandsjugend

Warum ist diese aggressive Akzentuierung bei der jungen Generation der Wohlstandsrepublik Deutschland so erfolgreich gewesen? Nun, die damalige junge Generation – je jünger sie war, umso mehr und verbreiteter – wurde von einer seelischen Schwächung befallen. Sie entstand dadurch, dass den Kindern durch veränderte Lebensweisen im Wohlstand viele notwendige Existenzbedingungen geraubt worden waren, so dass sie im Grunde jetzt zu Recht unzufrieden wurden, ohne selbst zu wissen warum. Niemand trug zunächst daran die Schuld, weil niemand wissentlich diesen Schaden wollte.

Schuldig wurden die Verantwortlichen spätestens zu Beginn der siebziger Jahre, als sie auf die verursachenden Zusammenhänge aufmerksam gemacht wurden und sie den Schaden nicht mit allem Einsatz und aller Energie abzuwenden versuchten. Die Not der Jugendlichen heißt damals wie heute: neurotische Depression und neurotische Verwahrlosung. Außer einer fehlenden Durchhaltefähigkeit bei der Arbeit, illusionären Riesenansprüchen und dem Drängen nach Sofortbefriedigung gehören der aktiv-aggressive Protest gegen die bestehende Ordnung und eine fundamentale Bindungslosigkeit zu den Grundzügen dieser Erkrankung.

Die Bindungslosigkeit äußert sich zum Beispiel in einem fehlenden Interesse an dem Partner, an dessen Problemen und dessen Wohl, sie zeigt sich im raschen Wechsel der Partner und dem Fehlen emotionaler Beteiligung. Sexualität und häufig wechselnde Sexualkontakte wurden im Zeichen der sexuellen Revolte zur zähen Pflicht eines umgeschriebenen Kodex. Aber der seelisch in dieser Weise Beschädigte lebt nicht im Geist der Liebe, kann es gar nicht, weil ihm gerade diese Voraussetzung fehlt: nämlich das Sich-selbst-aus-der-Mitte-Stellen um des anderen willen. Ihm fehlt die Zielvorstellung des reifen Erwachsenen, mit dem Partner gemeinsam die Aufgaben der Zukunft in Angriff zu nehmen. Denn auch der neurotisch Beeinträchtigte ist fixiert an eine »prägenitale Libidostufe«, um es freudianisch auszudrücken. Er ist fixiert an die orale »Libidostufe«, in der es sich darum handelt, etwas zu bekommen, etwas zu haben, zu den Quellen vorzustoßen – koste es, was es wolle. Deshalb will sich der so Gestörte sein Schlaraffenland ertrotzen, das Land, in dem Milch und Honig fließen, Arbeit überflüssig ist, und der Mensch – jeder Mensch, so sagt er, aber er meint vor allem sich selbst – alles haben kann. Denn – und das ist das Wesen seiner Grundstimmung – er ist ein Habenichts, ein Zu-kurz-Gekommener, und das muss geändert werden. Auf den Einfall, dass man das nur durch Arbeit könnte, kommt der So-Gestimmte nicht, weil er eben gar nicht ausdauernd arbeiten kann. So wird der Raub der Macht zum Ziel seiner Aktivität.

In dieser illusionären Zielvorstellung wird die Enttabuisierung der Sexualität ein stattlicher Pfeiler, der aber ohne echten Eigenwert ist, denn »eigentlich« – so sagen solche Jugendlichen dann zu mir – »liegt für mich da wenig drin«. Manche Mädchen, die in ihrer Wohngemeinschaft von Bett zu Bett gereicht wurden, sagen: »Ich empfinde überhaupt nichts dabei, aber das lasse ich mir nicht anmerken.«

Denn Tabus gibt es dennoch innnerhalb der neuen Regeln: Verboten ist es zum Beispiel: keinen Orgasmus zu haben, immer mit demselben schlafen zu wollen usw. Mit Besorgnis wird auch heute weiterhin erfleht, was bereits 1969 auf den Wänden in einer Halle des Kirchentags angeschmiert stand: »Lieber Gott, mach mich fromm, dass ich zum Orgasmus komm!«

Wenn sie auch meist nicht mehr zu Gott beten, um den Orgasmus flehen sie schon, weil das zur ungeschriebenen Vorschrift gehört. Was Wunder und wie konsequent, dass man nach Drogen und Aufputschmitteln giert, um zur erkauften, ertrotzten, vom Kodex geforderten Ekstase zu kommen.

Dass das nicht alle Jugendlichen betrifft, ist sicher. Aber inwiefern es heute schon so viele mehr geworden sind als bei den Anfängen damals, so dass wirklich die Gefahr besteht, dass es alle werden könnten, lässt sich verdeutlichen, wenn man sich mit der Anamnese der in dieser Weise seelisch Gestörten beschäftigt. Denn dort finden wir nicht nur eine Erklärung dafür, warum die sexuelle Revolte zur obszönen Sexualisierung entartete, sondern auch dafür, warum die Zahl der neurotisch Beeinträchtigten heute in einem ungeheuren Maße zunimmt.

Ein Beispiel soll das veranschaulichen: Ich lernte die sechzehnjährige Stefanie im Zuge eines Gerichtsverfahrens gegen eine jugendliche Bande kennen, deren Mitglieder ich zu begutachten hatte. Seit drei Jahren betätigten sich diese Jugendlichen in einem prächtig funktionierenden Job, der bisher ohne Entdeckung floriert hatte und in einer makabren Weise und zur Farce verzerrt ein Stück unserer Situation heute beleuchtet: In dem Stammlokal der Bande erschienen nicht selten abenteuerlustige ältere Jahrgänge, die ihre gut gefüllte

Brieftasche in den Dienst und Genuss des anakreontischen Ideals von Wein, Weib und Gesang zu stellen versuchten. War von den scharfäugigen Knaben der Bande die Zahlungsfähigkeit des trinkfreudigen Genießers hinreichend ermittelt, so trat Stefanie, die in der Tat schön war wie ein Botticelli-Gemälde, auf den Plan und zeigte dem Glückspilz an der Theke ihre unmissverständliche Bereitschaft zur weiteren Erhöhung des Lebensgenusses. Zusatzvertrag zur geldlichen Absprache: Der »Bruder« Stefanies müsse sie zu ihrem Schutz in die dunklen Wälder begleiten dürfen. Hatte man im Auto des Herrn den verschwiegenen Ort erreicht, wurde er von Stefanies »Bruder« und seinen Kumpanen, die unauffällig im bandeneigenen Wagen ohne Licht, der Lederjacken entledigt, in hochgekrempelten Ärmeln gefolgt waren, zusammengeschlagen und seiner Barschaft beraubt. Die Schinderhannesmoral diente zur Rechtfertigung: Diese lüsternen »Scheiß-Etablierten« hatten sich an ihrem Mädchen vergreifen wollen.

Wie sah Stefanies Vorgeschichte aus? Sie entstammte einer Kleinbürgerfamilie. Als sie als viertes Kind geboren wurde, war die Ehe ihrer Eltern weitgehend zerrüttet, weil der Vater seinen Lohn als Maurergeselle allwöchentlich vertrank. Die Mutter sah sich gezwungen zu arbeiten und musste die Kinder ständig sich selbst und wechselnden Nachbarn überlassen. Ungeborgenheit vom ersten Lebenstag an und lebensbedrohliche Gewalttätigkeiten des Vaters waren das Klima, in dem Stefanie aufwuchs, bevor die Ehe geschieden wurde, als Stefanie sieben Jahre alt war. Dass für sie und ihre Schwester damit die Gefahr sexueller Verwahrlosung groß war, hatte ich bereits damals in meiner Kartei als prognostischen Eintrag vermerkt, als ich sie für das Familiengericht zu begutachten hatte.

Solche extrem harten Einzelschicksale hat es immer einmal gegeben. Sie kommen aber heute viel häufiger als früher vor. Die Ursache ist nicht allein der zunehmende Alkoholismus, sondern auch, dass Kinder in vielen Fällen auch ohne äußere Not ihrer Eltern die opferbereite Fürsorge einer Pflegerin, der immer gleichen Pflegerin, entbehren müssen, weil die Mütter berufstätig bleiben und die kleinen Kinder um die für sie biologisch notwendigen Anfangsbedingungen gebracht werden. Solche Zu-kurz-Gekommenen erweisen sich später oft als ungebunden und damit auch als verantwortungslos, weil sie erste Bindung und Bergung nicht erlebten.

So kommt es, dass sie in trotziger Fixierung an die Säuglingszeit gierig sind – etwa nach inaktivem Versorgtsein. Sie bleiben in der Gier nach Sättigung, nach Lustbefriedigung, in dem Verlangen nach der spendenden Mutterbrust stecken, eben weil es die für die allermeisten gar nicht mehr gab und infolgedessen keine entsprechende Befriedigung eintrat. Vielmehr begann der Marsch in die Ersatzwelt bereits mit dem Scheinreichtum der Flasche. Statt der Erfüllung ihrer biologisch lebensnotwendigen Bedürfnisse nach seelischer Zuwendung, Nachahmung und Arbeitseinübung nachzukommen, versucht man die junge Generation eben mit einem Unmaß an technisierten Ersatzobjekten zu befriedigen und setzt sie damit dem Unglück antriebsbehindernder Verwöhnung aus. Auf diese Weise wird die berechtigte Grundstimmung der Jugend heraufbeschworen: »Hier ist alles, alles falsch. Also macht kaputt, was euch kaputt macht! Wir wollen endlich das Richtige haben!«

So gewiss es eine irreale Unterstellung war, dass in der freien Welt Sexualität zu Ausbeutungszwecken unterdrückt wurde, so gewiss ist es, dass die sexuelle Revolte ihren mächtigen Impuls dadurch erhielt, dass sie zum Aufhänger neurotischer Unzufriedenheit und Zerstörungslust wurde. Es gehört zum Wesen dieser seelischen Beeinträchtigung, gegen jede Form von Triebverzicht oder Triebaufschub intolerant zu sein, eben weil die Reizschwelle durch den zur Gier gesteigerten Triebdruck – etwas zu haben, etwas zu bekommen – allzu niedrig ist. Dass die »Frustration« im Grunde keine Bosheit der »Mächtigen« ist, sondern Triebaufschub und Triebverzicht in die Struktur jedes ausgereiften Seelenhaushalts gehört, ohne den er nicht funktioniert – diese schlichte Realität wurde übersehen und verleugnet. Es wird nicht erkannt, dass es zum Lebensschicksal, zu den ursprünglichen Gegebenheiten des Menschen gehört, in einem Konflikt zwischen Triebentladung und Verantwortlichkeit zu stehen. Dieser eigentlich innerseelische Konflikt wird auf die als unzureichend erlebte Gesellschaft verschoben und damit zum Sündenbock für eine Lebenssituation gemacht, der der Mensch, solange es ihn geben wird, niemals entfliehen kann.

4. Die marxistische Unterwanderung

Wenn wir heute also erneut über eine gesunde und sachgerechte Sexualerziehung sprechen wollen, dann müssen wir zur Kenntnis nehmen, dass auf diesem Sektor ab 1968 mit dem so genannten »Marsch durch die Institutionen« eine gezielte marxistisch ideologische Beeinflussung stattfand. Die Prämissen dieser ideologischen Beeinflussung haben nicht das Geringste mit Wissenschaft zu tun, das heißt weder mit den Forschungsergebnissen echter Sexualwissenschaft noch mit solchen der Entwicklungspsychologie. Die nun auftauchenden Parolen entstanden vielmehr auf dem Boden einer Ideologie, einer Theorie vom Menschen, die nicht auf Beobachtungsergebnissen über Kinder und Jugendliche beruht, sondern ganz bestimmte, und zwar – so ist die unverblümte Aussage – politische Ziele verfolgt. Die Grundlage dieser Ideologie bildete die Forderung nach totaler Gleichheit der Menschen mit dem Ziel, eine sozialistische Gesellschaft zu schaffen, in der es keinerlei Unterschiede mehr zwischen den Menschen gibt.

Die Pädagogik war seitdem darauf ausgerichtet, das Kind in der damaligen Bundesrepublik möglichst früh dem Erwachsenen gleichzusetzen. Eine solche Ausrichtung hatte in der Sexualerziehung der Kinder jedoch zur Folge, dass eine Vielzahl neuer Vorschläge gemacht wurden, die – mit Vorrang verbreitet – heute weitgehend Eingang in Elternhaus und Schule gefunden haben. Diese Vorschläge basieren auf einer weiteren Voraussetzung der marxistischen Ideologie: Danach sind nämlich die Menschen keineswegs von Geburt an mit unterschiedlichen Gaben ausgestattet, nein, sie sind – so behauptet man, ohne das Gesagte beweisen zu können – von Geburt an gleich. Nur die böse Gesellschaft, die böse Familie, der Umwelteinfluss allein bewirkten – so meint man – die ärgerlichen Unterschiede.

Eine Ideologie, die Vorgegebenes, Ererbt-Mitgegebenes und möglicherweise Verschiedenartiges total leugnet, muss infolgedessen auch leugnen, dass es einen angeborenen, einen sich entfaltenden und mit der Pubertät erst offenbar werdenden Geschlechtstrieb gibt. Nach dieser Vorstellung muss Sexualität demnach gelehrt und gelernt werden, wie an den Empfehlungen zur frühkindlichen Stimulation, zur Sexualisierung vom Säuglingsalter an leicht zu erkennen ist. »Da sich die Geschlechtlichkeit des Kindes nicht von selbst entwickelt, müssen Eltern in der Erziehung helfen«, war zum Beispiel das Hauptthema einer Familienmappe von Klaus Verch zur Unterrichtung in Sexualerziehung.

Dort hieß es: »Eltern müssen über die Geschlechtsorgane gut Bescheid wissen. Sie müssen auch die Scheu überwinden, sie nur oberflächlich zu berühren. Bei Jungen muss täglich die Vorhaut des Gliedes bis zum Absatz, der Kranzfurche, zurückgerollt werden. Mit einem Wattebäuschchen und warmem Wasser wird die freigelegte Eichel gereinigt. Bei einem Mädchen muss ebenfalls Vorhauttalg entfernt werden. Er bildet sich an der Klitoris. Das Spreizen der Scheidenlippen und das Reinigen mit dem Wattebäuschchen gehören zur täglichen Körperpflege. Jungen und Mädchen müssen von klein auf lernen, auch diese Körperteile selbstständig zu reinigen. Wenn sie dabei geschlechtlich etwas erregt werden, ist das ganz natürlich. Klitoris und Eichel sind sehr reizempfindliche Geschlechtsorgane.«

Hier soll unter dem Schein einer übertriebenen Hygiene eine Frühstimulation der Sexualität propagiert werden. Dieselbe Absicht verfolgt die Tendenz zur Weckung sexueller Erregung von Kleinkindern, jedoch mit einem erklärt politischen Ziel: durch eine verfrühte Sexualisierung die Kinder aus der Geborgenheit ihrer Familie herauszulösen und damit leichter manipulierbar zu machen.

Entwicklungspsychologisch ist dieses Vorgehen außerordentlich Erfolg versprechend. Pubertät hat nun einmal die Funktion, Selbstständigkeit durch Ablösung von der elterlichen Behütungssituation vorzubereiten. Die sexuelle Erstbindung der Jugendlichen ist das natürliche Transportmittel dieses Prozesses. Die Vorverlegung dieses Vorganges auf ein Alter mit noch nicht bestehender geistig-seelischer Mündigkeit ließ die Akteure in gekonnter Strategie auf volle Netze mit entwurzelten jungen Menschen hoffen, die als brauchbares Potenzial der Gesellschaftsveränderung vorgesehen waren.

Diese Manipulation – denn sie verführt Kinder, die nicht in der Lage sind zu durchschauen, dass sie zu Instrumenten machtpolitischer Ziele umfunktioniert werden sollen – vollzieht sich in der Bundesrepublik trotz des Zusammenbruchs des marxistischen Systems im Osten immer noch ungebrochen. Durch den politischen Hintergrund der Kindersexualisierung kommt der Sexwelle eine besonders zerstörerische Dynamik zu.

Die Vorreiter dieser Bewegung haben schon am Beginn der 70er Jahre des letzten Jahrhunderts über ihre Ziele nie ein Blatt vor den Mund genommen. Helmut Kentler zum Beispiel forderte 1970 in seinem Buch »Sexualerziehung«: »Es kommt heute darauf an, Sexualerziehung bewusst als politisch zu etablieren, auf die experimentelle Situation des Sexuallebens so einzuwirken, dass das in ihr verborgene Gesellschaftsveränderungspotenzial aktiviert wird.« Und Hans Jochen Gamm konkretisierte: »Alle gesellschaftlichen Gruppen haben letztlich das höhere Anrecht auf die Kinder als ihre vielfach befangenen Eltern, die für ihre Elternrolle nicht qualifiziert sind.« Und an anderer Stelle: »Die Schule hat das Lernen der Liebe zu ihrer wichtigsten sozial-pädagogischen Aufgabe zu machen. Zu diesem Zweck soll sie Räume schaffen, in denen die Schüler beider Geschlechter unkontrolliert verweilen können und die Möglichkeit erotischer Kommunikation besitzen« (Kritische Schule 1970, S. 78).

Sie und viele ihrer Mitstreiter sind heute Professoren an bundesdeutschen Hochschulen!

Die Folgen bedürfen nüchterner Einschätzung. Immer noch werden jede Menge Schulkinder in der Bundesrepublik Deutschland in ein Jugendtheater geführt, wo sie angeblich in jugendgemäßer Weise aufgeklärt, in Wirklichkeit aber manipuliert werden. Dass es sich dabei nicht um die gewiss notwendige altersentsprechende, ebenso behutsame wie bewusst machende Vorbereitung auf ein gesundes Erwachsenenleben, sondern um destruktive politische Agitation handelt, ist am stereotyp gleichen Vorgehen abzulesen, wie zum Beispiel beim Theaterstück »Was heißt hier Liebe«. Als Erstes werden die Eltern durchgängig als veraltet, vertrottelt oder unsinnig besorgt lächerlich gemacht. Als Zweites wird die Einübung in selbstbefriedigende Sexualtechnik empfohlen und besonders viel Wert darauf gelegt, die Mädchen zur »Orgasmuserfahrung« anzuleiten. Unausgesprochenes Ziel ist es dabei, die natürlicherweise dominante Sehnsucht nach fester dualer Bindung an einen einzigen Geschlechtspartner, die bei seelisch gesunden Mädchen sonst durchgehend vorhanden ist, durch Fesselung an den partnerunabhängigen Trieb aufzulösen.

Der dritte Schritt ist dann die Information über vielfältig-perverse Sexualpraktiken von der Fellatio bis zur Homosexualität und die Empfehlung zu häufig wechselnden Geschlechtspartnern. Die Absicht der intensiven Werbung wird unverhüllt in der praktizierten Gossensprache sichtbar, die unter vielerlei Verwendung von Ausdrücken aus dem Fäkalbereich verräterisch wird. Im Grunde wird damit die Sexualität selbst in den Schmutz gezogen, die doch zum Götzen ernannt werden soll. So herrscht bewusst Lenins Programm: »Verführt die Jugend zum Sex, und ihr bekommt sie in die Hand!« Dergleichen offen ausgesprochene Manipulation zu machtpolitischen Zwecken gab und gibt es nicht nur in den Programmen der neuen Linken, sondern auch in manchen heute gebräuchlichen Schulbüchern. Denn die Absichten dieser Macher bestimmen häufig noch immer den Sexualkundeunterricht an unseren Schulen. Und sie heißen:

1. Die Weckung der Sexualität der Kinder bereits im Säuglingsalter per Reizung der Geschlechtsorgane durch die Pflegenden.

2. Die Weckung der Sexualität der Kinder im Vorschulalter mit Hilfe von Doktorspielen, Kuschelecken im Kindergarten und sexueller Hinlenkung auf die Gleichaltrigen.

3. Die Weckung der Sexualität der Kinder vom

Grundschulalter an aufgrund sexueller Stimulation durch Bild und Filmmaterial im Sexualkundeunterricht.

4. Verstärkung der Konfrontation mit den Eltern von der Pubertät ab und Förderung sexueller Kontakte, nicht nur heterosexueller, sondern auch homosexueller Art.

Diese zerstörerischen Tendenzen haben die notwendigen und berechtigten Bemühungen von Pädagogen um eine altersentsprechende Aufklärung zunichte gemacht. Der Sexualkundeunterricht wurde – vielfach selbst von konstruktiven, bemühten Schulmännern nicht klar genug durchschaut – zu einem zweckgerichteten Transportmittel erniedrigt, das Kinder an die Absichten der Gesellschaftsveränderer auslieferte. Man degradierte sie dadurch zu Manipulationsobjekten.

Das so zügig durchgeführte Großexperiment an unseren Kindern fügte der jungen Generation Schaden zu: Erstens verhindert die Verfrühung sexueller Stimulation eine Ausreifung zu differenzierter Liebesfähigkeit. Zweitens kann der junge Mensch sexualsüchtig werden und dadurch seine Freiheit und die Möglichkeit zu einer treuen Dauerbindung einbüßen. Drittens wird er der Familie entfremdet und damit entwurzelt. Viertens lässt das Abdressieren der Schamhaftigkeit vom Schulalter an Unverschämtheit, Abgebrühtheit und Bindungsunfähigkeit entstehen.

5. Die Mithilfe der Organisationen

Nicht nur die Medien vom Fernsehen bis zu den einschlägigen Zeitungen und Zeitschriften fachten ebenso bedenken- wie gewissenlos unisono – meist aus reiner Profitgier – die Sexwelle stürmisch an, sondern auch so genannte gemeinnützige Institutionen liefen und laufen z. T. in gezielter Zerstörungsabsicht des Bürgertums im Trend mit, andere nur, um »modern« und »fortschrittlich« zu sein.

Die »Pro Familia«, deren Dachverband die IPPF (= International Planned Parenthood Federation) ist, verschrieb sich vom Beginn der siebziger Jahre an einer gezielten Manipulation. In der Satzung der deutschen Organisation von Pro Familia heißt es: »Pro Familia ist auf dem Gebiet der Sexualberatung und Familienplanung tätig. Zu den Aufgaben der Pro Familia gehören insbesondere die Beratung über Empfängnisregelung, die Partnerschafts- und Sexualberatung, die Beratung bei Schwangerschaft sowie medizinische Dienstleistungen wie zum Beispiel Sterilisation und Schwangerschaftsabbruch.«

In den norddeutschen Großstädten, vor allem in Bremen, bildeten die Organisationen der Pro Familia wegbereitende, im Fernsehen häufig gezeigte Brückenköpfe. So wurde dort zum Beispiel bekannt gemacht, wo es möglich sei, sofort nach der Beratung die Abtreibung am gleichen Ort durchführen zu lassen.

In Münster brachte 1986 der Ratsherr Altenhöve in seinem Kampf gegen die Bezuschussung der Pro Familia durch die Stadt seine Gegenargumente treffend zum Ausdruck:

»Pro Familia propagiert Abtreibung als Familienplanung. Pro Familia vertritt die Wunschkind-Ideologie. Unerwünschte Kinder werden zur sozialen Notlage erklärt, und, wenn die Frau es wünscht, getötet. Pro Familia ist eine Organisation, die entgegen dem Grundgesetz das christliche Menschenbild in Ehe, Familie und Jugend zerstört. Sie hat sich die Sexualerziehung unserer Jugend nach der atheistisch-emanzipatorischen Ideologie der Frankfurter Schule weitgehend angeeignet und hat zur Erfüllung dieser Aufgabe seit den fünfziger Jahren aus Steuergeldern vom Staat Millionenbeträge gefordert und erhalten.

Pro Familia stellt eine Sexualität in den Mittelpunkt, die ohne Furcht vor einem unerwünschten Kind erlebt werden soll. Deshalb konzentriert sie sich darauf, zumeist hinter dem Rücken der Eltern, den Kindern in möglichst frühem, oft noch kindlichem Alter auf jede mögliche Weise Verhütungsmittel und -methoden bekannt zu machen und zu vermitteln.

Pro Familia propagiert eine Sexualität, die sich nicht nur auf den Partner des anderen, sondern auch auf dessen eigenes Geschlecht richtet. Im Hinblick auf die Familie geht es Pro Familia darum, dass neben der Ehe alternative Lebensformen anerkannt und unterstützt werden, wie zum Beispiel Homosexuellen- oder Lesben-Ehen, Gruppenehen etc.«

Der Tenor der so genannten »sexualpädagogischen Arbeit« wird im Aprilheft 1988 der Pro Familia Rüsselsheim verdeutlicht. Als beglückende Bilanz zehnjähriger Arbeit in Bezug auf die Jugend lässt sich dort nachlesen: »Die Mädchengruppe hat ausgebrütet, wie man am besten Kinder verhütet!«

Genaueres Hinsehen zeigt aber, dass es dabei keineswegs nur um ein wenig Aufklärung geht ... Laut einem Fernsehbericht hat Pro Familia den jungen Mädchen durch die siebziger Jahre hindurch die Spirale nicht nur anempfohlen, sondern sie auch tausendfach eingesetzt. Resultat: Eileiterentzündungen und dadurch bedingte Unfruchtbarkeit nahmen sprunghaft zu. Heute ist ein Drittel aller Ehepaare in der Bundesrepublik Deutschland kinderlos. Der versierte Schweizer Gynäkologe Ehmann schreibt dazu: »Die Reizentzündungen durch die Intrauterinspirale führen vermehrt zu Infektionen, vor allem im Eileiterbereich, was häufig zu Eileiterverschlüssen und damit zur Sterilität führt. Durch diese Entzündungen entsteht eine große Gefahr von Eileiterschwangerschaften (zehnmal häufiger als bei Frauen ohne Spirale) und Eierstockschwangerschaften (viermal häufiger bei einer Nullipara, d. h. einer Frau, die noch nicht geboren hat). Das Einsetzen der Spirale ist daher nach der Schulgynäkologie ein Kunstfehler.«

Diese erschreckenden Ergebnisse liegen bei uns als eine grobe Verführung junger Mädchen der siebziger Jahre voll auf dem Tisch. Deshalb sind wir nach der Phase der künstlichen Großverhinderung von Kindersegen nun in die Phase der künstlichen Revision der so vielfältig erworbenen Sterilität junger Frauen durch künstliche Befruchtung außerhalb des Körpers eingetreten.

Familienfeindliche Organisationen und Institutionen wurden vom bundesdeutschen Staat nicht nur bezuschusst. Der Staat beteiligte sich auch in den vergangenen zwanzig Jahren auf vielfältige Weise an der Verstärkung der zersetzenden Trends. Ohne sich von der vorherrschenden Ideologie über die zu erlernende Sexualität und ihren autonomen Wert zu distanzieren, ohne der Jugend und der Familie den ihnen im Grundgesetz zugesagten Schutz zu gewähren, schwamm das Bonner Familienministerium von 1969 ab unbeirrt (und auch heute noch weiterhin ungebremst!) mit auf der jugendgefährdenden Welle.

Den aussagekräftigsten Höhepunkt bildete die Eröffnungsfeier zum Jahr des Kindes 1979 mit dem Familienministerium als Veranstalter und in Anwesenheit des damaligen Bundespräsidenten Walter Scheel. Dort hatte ein 14-Jähriger folgenden Text zu sprechen: »Ich bin ein sexuelles Wesen und will diese Sexualität auch voll ausleben, mit Erwachsenen, mit Vierzehnjährigen, mit Sechzehnjährigen, mit Achtzehnjährigen, mit Jungen und mit Mädchen, mit Männern und mit Frauen. Es ist egal, welches Geschlecht und wie alt. Liebe brauche ich mehr als alles andere, aber gerade Liebe bekomme ich keine, weil andere Sachen angeblich wichtiger sind, wie Schule, Lernen, Studieren, Geld verdienen. Weshalb darf ich meine Gefühle nicht ausleben? Weshalb gibt es Gesetze, die mich zwingen, sechs Stunden am Tag irgendeinen Mist zu lernen?

Da mache ich nicht mehr mit. Ich lerne nur noch die Sachen, die ich lernen will. Ich werde nur noch nach meinen Gefühlen leben. Ich werde versuchen, frei zu sein, und ihr werdet versuchen, mich totzuschlagen, werdet mich auslachen und mich für verrückt erklären, nur um nicht über eure eigene Kaputtheit nachzudenken. Ich brauche euch nicht! ... Ich finde, in Familien ist es so gut wie unmöglich, dass die Kinder frei leben, dass sie lernen, ihre Wünsche zu artikulieren und auszuleben. In der

Familie lernt das Kind nur eins: zu gehorchen und seine Wünsche zu unterdrücken. Das sollte man aber nicht tun. Nur wer sich einmal gegen seinen Vater wehrt, der gehorcht auch später vielleicht seinem Lehrer nicht und noch später seinem Chef nicht. Für solche Kinder gibt es dann die staatlichen Erziehungsheime. Diese Gefängnisse sind zur Zeit die einzige Alternative zur Familie. Auf die Idee, dass wir selbst am besten wissen, was gut für uns ist, kommt keiner. Entweder werden wir von unseren Eltern bevormundet oder vom Staat. Was wir wollen, ist scheinbar egal. Wir sollen vergessen, was wir wollen.«

Die Frage im Hinblick auf diesen Text muss lauten: Kommt hier wirklich das typische So-Sein eines Vierzehnjährigen zu Wort? Ist er repräsentativ für die altersentsprechenden Wünsche eines Vierzehnjährigen? Ich habe in meiner Arbeit als Kinder- und Jugendlichen-Psychotherapeutin seit vierzig Jahren Gelegenheit gehabt, an den geheimsten Wünschen von Vierzehnjährigen Anteil zu nehmen. Ich habe selbst bei schwer Gestörten oder bei den zu früh Sexualisierten praktisch nie erlebt, auch in den Träumen der Vierzehnjährigen nicht, dass sie dies eine wollten: »... egal von welchem Geschlecht und wie alt« Geschlechtsverkehr zu haben. Selbst die Vierzehnjährigen, die der Anleitung zur Homosexualität in den einschlägigen Jugendzeitschriften Folge leisteten, denen man den Freipass zur Ausübung »perverser« Sexualbetätigung so tolerant in die Hand drückte, haben nicht das Bedürfnis, ihre Sexualität wahllos weiterhin auszuleben, »mit Erwachsenen, mit Vierzehnjährigen, mit Sechzehnjährigen, mit Achtzehnjährigen, mit Jungen und Mädchen, mit Männern und Frauen«.

Dieser Text ist auch gewiss nicht von dem Jungen

selbst verfasst worden – schon die Diktion entspricht nicht der eines Vierzehnjährigen. Hier wurden eben gerade nicht seine eigenen Bedürfnisse artikuliert, sondern solche, die ihm von Erwachsenen in den Mund gelegt wurden. Er war also fremdbestimmt, wenn auch nicht von Eltern, die ihn zwangen, zu gehorchen und seine Wünsche zu unterdrücken, wie er es aufzusagen hatte. (Schon seit vielen Jahren ist es – laut Praxis – nicht mehr das Ziel der Eltern, ihre Kinder zu gehorsamen, sondern zu selbstständigen und glücklichen Menschen zu erziehen.) Nein, es waren Manipulierer anderer Art, jene eben, die diesen Text – und ungezählte ähnliche in den Schulbüchern und Medien – mit einer ebenso klaren wie einseitigen Absicht verfassten: das Kind zu einem Akteur der Gesellschaftsveränderung, der Abschaffung eines ihrer Meinung nach nichtswürdigen Systems zu machen.

Diese Rede des Vierzehnjährigen war in der Tat eine Demonstration, aber keine einer kindesnahen seelischen Befindlichkeit, auch kein vom Kind ausgehender Appell an das Verständnis Erwachsener. Sie war eine Demonstration des Zugriffs der Macher aus dem Geist der Frankfurter Schule auf die Kinder, vom Staat hirnrissig unterstützt; denn die geheime Absicht heißt, eben gerade diesen Staat mit Hilfe einer sexualisierten Jugend abzuschaffen!

Marcuse schreibt: »Der radikale Wandel muss in eine Dimension der menschlichen Existenz hineinreichen, die in der marxschen Theorie kaum berücksichtigt wurde – die biologische Dimension, in der die vitalen Bedürfnisse und Befriedigungen des Menschen sich geltend machen. Soweit diese Bedürfnisse und Befriedigungen ein Leben in Knechtschaft reproduzieren, setzt eine Befreiung eine

Veränderung in dieser Dimension voraus, das heißt: andere Triebbedürfnisse, andere Reaktionen des Körpers wie des Geistes ... Alle Befreiung hängt vom Bewusstsein der Knechtschaft ab ... Unter diesen Umständen werden direkte Aktion und grober Ungehorsam für die Rebellion zum wesentlichen Bestandteil des Überganges von der indirekten Demokratie des korporativen Kapitalismus zur direkten Demokratie, bei der Wahlen und Repräsentanz nicht mehr als Institutionen der Herrschaft dienen. Gegen diese wird direkte Aktion ein Mittel zur Demokratisierung, zur Veränderung, wenn auch im etablierten System.«

Das Bonner Ereignis war nicht im Mindesten ein Einzelfall. Einen besonders negativen Einfluss bekam zum Beispiel die Bundeszentrale für gesundheitliche Aufklärung in Köln, die im Auftrag des damaligen Ministeriums für Jugend, Familie, Frauen und Gesundheit arbeitete. Noch 1990 gab diese Organisation zum Beispiel eine Aufklärungsschrift mit dem Titel »Nanu« heraus. Hier wird mehr oder weniger unverblümt vorausgesetzt, dass fünfzehn- und sechzehnjährige Jugendliche miteinander sexuelle Beziehungen haben. Die Schrift macht es sich lediglich zum Ziel, angesichts der tödlichen Geschlechtskrankheit Aids den Jugendlichen den Gebrauch von Kondomen zu erläutern und ihnen mit Hilfe einer Desinformation vorzugaukeln, dass bei Kondomgebrauch praktisch keine Ansteckungsgefahr mit Aids besteht. »Krankheiten gehören zu unserem Leben. Wir müssen das akzeptieren«, ist die Quintessenz der Schrift. Und das Gesundheitsministerium von Rheinland-Pfalz schrieb mit dem Heft »Let's talk about Sex!« noch: »Es gibt keine gefährlichen Freunde ... Macht, was euch Spaß macht!«

Aber nicht nur die Regierung, sondern auch die evangelische Kirche hat sich in vielfältiger Form an der verführerischen Desinformation und Beeinflussung der Jugendlichen zum vorehelichen Geschlechtsverkehr beteiligt. Die Nordelbische Kirche zum Beispiel setzte den ideologisierten Sexualpädagogen Klaus Verch hauptamtlich als Multiplikator für die Sexualaufklärung im evangelischen Religionsunterricht in Rendsburg ein. Und nach dem Fall der Mauer wurde dieser als Experte mit der Information der Erzieher und Erzieherinnen in evangelischen Kindergärten der neuen Bundesländer betraut.

Last, but not least muss darauf hingewiesen werden, dass eineinhalb Jahrzehnte lang – ministeriell abgesichert, zumindest in den nördlichen Bundesländern – den Kindern durchgängig (oft zu früh und drastisch) ideologisierter Sexualkundeunterricht erteilt wurde. Hier ist besonders in den siebziger Jahren manche Sexualneurose vorbereitet worden, sei es ein gehemmtes, ehescheues Singledasein oder auch das andere Extrem: eine Fixierung an den Geschlechtstrieb und damit Sexualsucht oder sogar Sexualdelinquenz. Dass heute der sexuelle Missbrauch vor allem in der Generation der 30 bis 40-Jährigen Männer boomt, war eine voraussehbare Folge der sexuellen Revolution besonders der 70-er Jahre. Aus den Opfern einer verfrühten Sexualisierung von damals sind heute pädophile Triebtäter geworden, Wiederholungstäter, ausgeliefert an ihre irregeleitete Sexualität. Dass es heute Kinderschänder gibt, die ihr Opfer entführen, missbrauchen, foltern und filmen, ist eine unüberbietbare Schändlichkeit in der Geschichte der Menschheit. 40 000 Abnehmer für solche Videos soll es in unserem Land geben – das Fanal einer grauenhaften Fehlentwicklung.

Manche Eltern von Grundschulkindern berichten heute, dass ihre Kinder mit Hilfe von pornographischen Fotografien aufgeklärt wurden. Eine Mutter erzählte, ihre Tochter habe nach der Aufklärungsstunde berichtet: »Als die Lehrerin die Bilder gezeigt und eine Weile darüber gesprochen hatte, fing es auf einmal an, in der Klasse ganz furchtbar zu stinken. Da wurde mir ganz schlecht. Fast hätte ich mich übergeben. Da bin ich lieber rausgegangen.« Und das ist kein Einzelfall. Manche Grundschulkinder berichten, dass sie einen farbigen Aufklärungsfilm über die Geburt vorgeführt bekommen hätten (aus der Sicht des Gynäkologen!), bei dem ihnen schlecht geworden sei.

Es kann aber nicht das Ziel der sexuellen Aufklärung im Grundschulalter sein, etwa durch einen blutigen Film über die Geburt sexuelle Traumata zu setzen, die Angst vor der Zukunft auslösen, statt freudig auf sie hinzuführen. Es darf auch nicht das Ziel der fachgerechten Aufklärung sein, die Kinder vor der Geschlechtsreife durch pornographisches Bildmaterial mit nackten Mädchen und Männern zu sexualisieren. Das ist deshalb unzulässig, weil steuernde Regulierungsmechanismen gegen eine verfrühte Sexualbetätigung im Kind selbst existieren. Diese wecken in sexualisierenden Situationen dann geradezu automatisch Schuldgefühle – auch bei der freiesten Erziehung – und beschwören innerseelische Konflikte herauf, die eine gesunde Integration des Sexualtriebes in die Psyche behindern können und neurotische Fehlentwicklungen begünstigen.

In der Spieltherapie mit Grundschulkindern lassen sich Gegebenheiten dieser Art nachweisen. Ekel, Abscheu, Übelkeit, Erbrechen, ja psychogene Ohnmachten sind Indikatoren solcher seelischen Verletzungen, wie wir sie leider aufgrund einer verfrühten brutalen oder erotisierenden Aufklärung immer wieder zu sehen bekommen.

Grundsätzlich lässt sich sagen: Das Ziel der geschlechtlichen Erziehung kann unmöglich allein darin bestehen, Kenntnisse über die biologischen und physiologischen Vorgänge um das Fortpflanzungsgeschehen zu erwerben. Eine rein auf biologische Information reduzierte Aufklärung kann – zum falschen Zeitpunkt und mit falschen Mitteln vorgenommen – schaden, weil sie Sexualität unter Umständen entweder blockiert oder auch stimuliert.

6. Verstärkung der Sexualisierung durch Aids-Aufklärung

Vollends aus dem Ruder lief unserer Regierung die Verantwortung für die Jugend, nachdem die rasante Verbreitung der Aids-Krankheit 1982 auch in der Bundesrepublik an die Öffentlichkeit gedrungen war. In den elektronischen Medien wurde in zahllosen Sendungen der Versuch gemacht, durch eine Propagierung des so genannten »Safer-Sex« (d. h. der Verwendung von Kondomen) das so breit eroberte Terrain der Bemächtigung der Jugendlichen nicht durch die neue Furcht vor Ansteckung mit der tödlichen Geschlechtskrankheit wieder einzubüßen. Die Altmeister der Sexualisierung wie Oswald Kolle, Ernest Bornemann, Alice Schwarzer, Helmut Kentler und Günther Amendt traten erneut hervor und beschworen die Jugendlichen, nicht zur alten »repressiven Sexualmoral« zurückzukehren oder gar mit neu erwachtem gesunden Menschenverstand auf die »Treue« zu setzen.

Ganz in diesem Sinne waren die Maßnahmen und Verlautbarungen aus dem Familienministerium. In Schulen wurden Kondomautomaten aufgestellt und viel Intensität auf einen neuen – auch perverse Praktiken umfassenden – Aufklärungsunterricht verwandt. Um weiterhin den üblich gewordenen Geschlechtsverkehr zwischen Jugendlichen nicht zu gefährden, wird besonders in den Aufklärungsschriften aus dem Familienministerium verschwiegen, dass Safer-Sex niemals Safety-Sex zu werden vermag, da die Infektionsmöglichkeit für Aids – auch bei Benutzung von Kondomen – nur verringert, jedoch nicht ausgeschaltet werden kann. Die Veröffentlichungen und Spots aus der Bundeszentrale für gesundheitliche Aufklärung enthalten den Jugendlichen beharrlich diese dringend nötige Information vor: Homoerotische Gefühle gehören oft zu einer normalen Übergangsphase auf dem Weg zur Hinwendung zum anderen Geschlecht. Es ist deshalb wichtig, aus homoerotischer Verliebtheit nicht den Schluss zu ziehen, angeboren homosexuell zu sein und daraus zu folgern, sich nun auch homosexuell betätigen zu müssen. Eine solche Schlussfolgerung stellt eine Weiche zur Homosexualität, die nur schwer wieder rückgängig zu machen ist, wenn die Richtung erst einmal auf sie eingestellt ist. Den Jugendlichen wird nicht die Information vermittelt, dass die seelische Reifung abgewartet und Intimbeziehungen angesichts der neuen Gefährdung aufgeschoben werden sollten.

Die Verlautbarungen aus dem Ministerium, Sexualität müsse eingeübt werden und Homosexualität sei eine normale angeborene Nuance, sind im Aids-Zeitalter eine grobe, verantwortungslose Desinformation, die die Gefahr vergrößert, dass junge Menschen den Weg in das Praktizieren von Homosexualität einschlagen oder/und dass sie evtl. mit qualvollen tödlichen Geschlechtskrankheiten infiziert werden.

II. Gesunde Sexualerziehung

1. Die Sättigung des Liebesbedürfnisses des Kindes

Aus der Darstellung dieser Situation muss vor allem ein Schluss gezogen werden: Solange es in der Bundesrepublik Deutschland noch Familien gibt, die sich ihren normalen Menschenverstand bewahrt haben, brauchen wir mehr Anleitung zu einer gesunden Sexualerziehung, um dieser so gefährdeten Jugend Orientierung zu vermitteln.

Aber diese kann sich gewiss nicht darauf beschränken, mit moralisch erhobenem Zeigefinger ein wenig sexuelle Aufklärung und Warnung vor all den modischen Gefahren zu sein. Sie ist ein umfänglicher Elternauftrag. Dieser wird bestimmt nur befriedigend zu erfüllen sein, wenn er wirklich mit der Geburt des Kindes beginnt – freilich nicht, wie Klaus Verch es empfiehlt, mit der Reizung der Geschlechtsorgane durch die Pflegenden, sondern durch die Vorbereitung des Kindes zu allgemeiner seelischer Gesundheit. Denn die Geschlechtlichkeit darf niemals aus dem Zusammenhang menschlichen Seins und Lebens herausgerissen und isoliert werden, weil der Mensch auf diese Weise in eine gefährliche Fixierung an die Sexualität geraten kann.

Sexualität gehört in den Bereich des Liebens. Daraus resultiert, dass die primäre Stufe der Sexualerziehung dazu dienen sollte, das Lieben als eine emotionale Qualität zu erfahren und Bindungsfähigkeit zu erlernen. Nicht das Hinfinden der Säuglingshand zu den Genitalien, wie Helmut Kentler es in seinem Buch »Sexualerziehung« fordert, sollte das beglückende Ersterleben von Mutter und Kind zur Vorbereitung einer gesunden Geschlechtlichkeit sein, sondern das Lächeln als ein Zeichen des Kontaktes und Wiedererkennens.

Wir wissen heute aus der Verhaltensforschung, dass sich die Gesten der Zärtlichkeit zwischen Mutter und Kind in der Partnerschaftsbeziehung des Erwachsenenalters wiederholen. So lernt praktisch schon das Kleinkind durch die Zärtlichkeit, Opferbereitschaft und Bemühtheit seiner Mutter das Lieben – oder es bleibt dazu unfähig, wenn ihm dieses Erlebnis nicht vermittelt worden ist. Ja, vor einiger Zeit hat sogar der amerikanische Affenforscher Harlow nachgewiesen, was wir Tiefenpsychologen in der Praxis immer wieder erfahren: Selbst Affen, die als Babys nicht den zärtlichen Umgang mit ihrer Mutter erleben, finden später keine Geschlechtspartner. Sie können nur mit List und Tücke der Experimentatoren zur Paarung gebracht werden und werden dann eben nicht nur unzureichende Partner, sondern auch gefühlskalte Mütter! Was für ein bedenklich stimmender Teufelskreis, wenn man an die durchaus ziehbaren Parallelen zum Menschen denkt!

Es ist ein ideologisches Märchen, wenn unsere Sexualforscher behaupten, eine durch die gesamte Kindheit trainierte und praktizierte Sexualität bewirke soziales Verhalten und bereite zur Gruppenfähigkeit vor. Alle Forschungsergebnisse der Völkerkundler und Tierverhaltensforscher beweisen das Gegenteil: Kommunikationsfähigkeit, einschließlich der sexuellen im Erwachsenenalter, hat ihre Voraussetzung in der frühen Ich-Du-Beziehung vom ersten Lebenstag, am besten schon vom vorgeburtlichen Zustand des Kindes an. Deshalb ist der Körperkontakt von Mutter und Kind in den ersten Lebensmonaten und -jahren neu als ein wichtiger Faktor für die allgemeine spätere Liebesfähigkeit im Erwachsenenalter erkannt worden.

Aus demselben Grund sollte das Kind unmittelbar nach der Geburt an den Leib der Mutter gelegt werden. Ohne Zweifel ist es nicht nur für das körperlich gesunde Aufwachsen des Kindes wichtig, dass die Mutter es – wenn möglich – stillt, sondern vor allem auch wegen der das Kind so befriedigenden Nähe zur behutsam streichelnden, es mit Nahrung beschenkenden und zärtlich ansprechenden Mutter.

Körpernähe zwischen Mutter und Kind in den ersten beiden Lebensjahren hat nicht das Geringste mit Verwöhnung zu tun. Hingegen sollten in diesem Zeitraum ohne Not keine längerfristigen Trennungen zwischen Mutter und Kind stattfinden. Diejenigen Kliniken bereiten für ihre Neugeborenen seelische Gesundheit und Liebesfähigkeit vor, die das so genannte Rooming-in-Verfahren auf ihren Wöchnerinnenstationen praktizieren. Diejenigen Kinderschwestern sind die besten, die den Müttern geduldig beim Eingewöhnen in den Stillvorgang behilflich sind. Diejenigen Kinderkrankenhäuser sind wirklich kinderfreundlich, die Kleinkinder nicht ohne ihre Mütter zu einer stationären Behandlung aufnehmen.

Da zur Zeit immer mehr Kinder als Frühgeburten zur Welt kommen und man in den USA die so wichtige Vorprägung zur Liebesfähigkeit in der Kindheit erkannt hat, geht man dort auf den Frühgeborenenstationen mehr und mehr zum so genannten »Känguruprinzip« über – das heißt, man bettet das frühgeborene Kind auf die Herzmitte der Mutter. Es hat sich erwiesen, dass sich diese Kinder rascher positiv entwickeln, wenn sie den ihnen bekannten Herzschlag und die bereits vertraute Stimme vernehmen und der Körperkontakt zur Mutter nicht aufgelöst werden muss.

Auch in Bezug auf die zeitliche Abfolge der Stillvorgänge hat es sich gezeigt, dass ein Stillen nach Bedarf – der Säugling wird immer dann angelegt, wenn er es möchte – eine befriedigendere Liebesfähigkeit im Erwachsenenalter vorbereitet, als wenn er eine Zeitlang schreiend auf Nahrung (gleich Liebe) zu warten hat. Oft entsteht auf diese Weise im Kind ein unersättlicher Drang nach Stillung des Liebeshungers, der jenseits der Geschlechtsreife – mit dem sexuellen Antrieb vermischt – die Neigung zu gieriger Sofortbefriedigung und eine allgemeine Unersättlichkeit vorbereiten kann. Manche viel zu rasch vollzogenen »Ehen ohne Trauschein« scheitern heute durch solche neurotischen Enttäuschungen: Partnerin oder Partner hegen in ihrem Unbewussten den Wunsch nach Dauerspende an der Mutterbrust. Riesenansprüche dieser Art kann aber der Geliebte nicht erfüllen – schon ganz und gar nicht, wenn er ein Mann ist. So kommt es zu wiederholten Trennungen.

Auch die immense Zunahme unserer modernen Suchthaltungen (jeder fünfte Erwachsene in der Bundesrepublik Deutschland ist bereits süchtig!) hat sehr viel mit den uneinfühlsamen, unnatürlichen, organisierten statt eingefühlten Fütterungsformen der Säuglinge in den Industrienationen zu tun. Die Sexualsüchte haben ebenfalls nicht selten in einer tiefen Antriebsbeschädigung und darauf aufbauenden Charakterprägung ihre Ursache.

Die Bedeutung der Pflegeformen in den ersten Lebensjahren für die Entstehung einer allgemeinen Liebesfähigkeit im Erwachsenenalter wird heute immer noch in ihrer Bedeutung unterschätzt. Es ist deswegen eine zwingende Voraussetzung zur Ehefähigkeit und zur Fähigkeit, selbst einst Kinder zu erziehen, dass die urnatürlichen Bedürfnisse des Kindes am Lebensanfang Beachtung finden. Nur ein Kleinkind, das die Erfahrung gemacht hat, angenommen und geborgen zu sein – und das ist nicht einfach eine Folge der geistigen Einstellung seiner Eltern, sondern eine Folge seines Erlebens –, kann auf dem Boden dieses inneren Friedens von seinem seelischen Reichtum Liebe an den anderen abgeben. Ohne eine Grundstimmung dieser Art ist die Gefahr, dass jenseits der Geschlechtsreife die Sexualität in süchtiger Weise zur Ersatzbefriedigung des Seelenhungers nach Liebe wird, viel zu groß.

Die Sexualerziehung beginnt also in der Tat in den ersten Lebenstagen. Nur wenn hier der Pegel der Informiertheit steigt, können wir hoffen, dass künftig die Fähigkeit zum geduldigen Warten auf den richtigen Partner, die Fähigkeit zur geglückten Eheführung und zur Treue und der Verzicht auf außereheliche Befriedigungsmöglichkeiten wieder häufiger entstehen.

2. Gewissensanbahnung

Die Entwicklung dieser Eigenschaften hat noch eine weitere Voraussetzung, und zwar die Entfaltung des Gewissens. Das Gewissen ist eine dem Menschen angeborene geistige Instanz, die es ihm ermöglicht, seine ungebremst schäumenden Antriebe so in Schach zu halten, dass weder die gesunde Existenz der eigenen Person noch die der anderen gefährdet wird. Die Entfaltung des Gewissens freilich ist abhängig davon, ob das Kind sich im Säuglingsalter an eine pflegende Person (am besten an die leibliche Mutter) aufgrund ihrer fortgesetzten Anwesenheit so hat binden können, dass aus dieser Bergung ein Nachahmungsbedürfnis, eine Identifikation mit diesem Menschen entsteht.

Diese Identifikation macht es dem Kind möglich, sich an die Mutter anzupassen. Die Einigkeit mit ihr bekommt somit einen höheren Stellenwert als das Durchsetzen der eigenen Wünsche und Bedürfnisse. Ohne eine solche Ursymbiose zwischen Mutter und Kind ist es dann für den Heranwachsenden wesentlich schwerer, seine eigenen Antriebe steuernd beschränken zu lernen. Ihm fehlt später die aus der Erfahrung gewonnene Fähigkeit, der Einigkeit mit einem anderen und der Beachtung von dessen Bedürfnissen Vorrang einzuräumen und auf die Priorität der eigenen verzichten zu können. Lieben, Abgeben, Opfern, Dankbar-Sein unter positiven Gefühlen – das ist später nur oberflächlich erlernbar, wenn es nicht eine Vorerfahrung im gebundenen Bezug zur Mutter gab. Deshalb helfen auch alle spätere Aufklärung und alle gewiss notwendige Warnung vor Irrwegen meist nur, wenn der junge Mensch in diesem sicheren emotionalen Grund wurzelt.

3. Natürliche Elternschaft

Eine weitere Voraussetzung zu einer gesunden geschlechtlichen Erziehung ist ein liebevolles, natürliches Verhalten der Eltern. Darauf muss heute besonders hingewiesen werden; denn als Erstes wird die Harmonie eines Elternpaares, die eine wesentliche Voraussetzung für ein ungestörtes Aufwachsen des Kindes ist, heute durch bedenkliche Trends zusätzlich gefährdet. Oft entsteht in den Familien unnötiger Streit, weil der Einfluss des militanten Feminismus viele Ehefrauen mit dem Verhalten ihrer Ehemänner unzufrieden werden lässt. Die Frauen stellen an die Männer und deren Verhalten im Familienalltag übersteigerte Anforderungen und Ansprüche, denen diese nicht gewachsen sind.

Das liegt daran, dass den Frauen die Vorstellung suggeriert wird, die Männer hätten die gleichen Eigenschaften zu entwickeln wie sie. Aber die Art zu lieben, ist nun einmal bei Männern anders als bei Frauen. Sie konzentrieren sich mehr auf die Bereitschaft zur Verteidigung, zum Schutz, zum Erwerb des Lebensunterhaltes, zur Verwaltung als z. B. auf die verbale Reflexion ihrer Gefühle. Sich hier nicht an den modischen Trend auszuliefern, der nur allzu oft zersetzende Teufelskreise auslöst, sollte ins Bewusstsein derjenigen Familienmütter geraten, denen das Wohl des Familienschiffes am Herzen liegt.

Gewiss ist es begrüßenswert, dass in den vergangenen Jahrzehnten den Vätern mehr Beteiligung am Familienalltag abgefordert wurde, und viele junge Väter kommen dem heute auch schon sehr bemüht nach. Dennoch können barsche Umgangsformen der Eltern miteinander auch kontraproduktiv sein. Dadurch kann sich das Leben der Kinder – auch im Hinblick auf die Entwicklung einer stabilen Geschlechtsidentität – erschweren. Täglicher Streit zwischen den Eltern oder gar Tätlichkeiten gegeneinander können Kinder nicht nur ängstigen, sondern ihre Zukunftsorientierung erschweren. Söhne von rücksichtslosen und brutalen Vätern wollen eben nicht wie diese werden. Mädchen wollen so ein Ungeheuer gewiss nicht heiraten. Die Töchter von ewig keifenden Müttern mögen sich nicht mit ihnen identifizieren. Die kleinen Söhne solcher Mütter schaudert es, je mit einer Frau etwas zu tun haben zu sollen.

Eine erhebliche Gefahr für ein seelisch gesundes Aufwachsen der Kinder entsteht häufig auch dadurch, dass die Mutter zu früh wieder anderen außerhäuslichen beruflichen Tätigkeiten nachgeht. Durch Stress kann sie in eine kurz angebundene Übellaunigkeit geraten, die es ihr nicht mehr möglich macht, so mit den Kindern zusammenzuleben, dass genügend Raum verbleibt, die seelische Entfaltung der Kinder hellhörig zu begleiten. Auch die Beantwortung der Kinderfragen um die Geschlechtlichkeit kann dabei zu kurz kommen.

Negativ wirkt es sich für die moderne junge Familie aus, wenn die Eltern sich einer so genannten »Natürlichkeit« befleißigen, die im Grunde aber einer höchst unnatürlichen Ideologie aufsitzt. Solche Eltern haben es sich mehr oder weniger zur Pflicht gemacht, sich im familiären Bereich relativ häufig nackt zu zeigen – nicht nur vor den kleinen, sondern auch vor den heranwachsenden Kindern. Sie besuchen gemeinsam mit den Kindern Saunen und FKK-Strände. Meistens findet in diesen Elternhäusern der intime Umgang zwar unter Ausschluss der Kinder statt, aber das Elternschlafzimmer ist dann kaum noch verschlossen. Es wird in Kauf genommen, dass die Kinder die Eltern überraschen, und dann werden den Fragenden freimütig mehr oder weniger geschickte Antworten gegeben. Sehr oft wird auch der Geschlechtsverkehr der eigenen Kinder im Jugendalter bejaht und im Elternhaus geduldet.

Zu diesem Lebensstil gehört manchmal auch die so genannte Freiheit in der Ehe, das heißt der offene außereheliche sexuelle Umgang eines Elternteils mit einem anderen Partner. Viele Kinder leben heute ohnehin nicht mehr mit ihren leiblichen Eltern zusammen, sondern haben als Scheidungswaisen nicht selten das sehr offen im Mittelpunkt stehende Liebesleben eines leiblichen Elternteils mit einem neuen Partner zu beobachten und zu begleiten. Es ist aber für Scheidungswaisen keine natürliche, sondern eine sie oft tief kränkende Situation, wenn sie zum Beispiel zu Besuch bei ihrem Vater diesen mit seiner neuen Freundin schmusen oder gar schlafen sehen. Es frustriert Scheidungswaisen außerordentlich, wenn sie erleben, dass die Mutter sich einen, manchmal auch nacheinander mehrere Männer ins Bett holt, und diese Personen die erste, und zwar eine erotisch bis sexuell getönte Rolle im Familienverband spielen.

Kinder, die in dieser Weise aufwachsen, bekommen so keineswegs eine positive Einstellung zur Sexualität. Da solche Vorgänge mit seelischem Verlust verbunden sind, wird die Sexualität eher blockiert und als etwas erlebt, von dem man sich selbst lieber distanzieren möchte. Dass heute bereits 12 Millionen Menschen in der Bundesrepublik Deutschland in Single-Haushalten leben, hat z. T. auch etwas mit auf diese Weise gemachten Vorerfahrungen zu tun, die zu einer nachhaltigen Ehescheu führten.

Auch die Tatsache, dass in unserem Land ca. 300 000 Kinder pro Jahr sexuell missbraucht werden, resultiert nicht selten aus der Ideologisierung der Sexualität. Zum Erlernen der Sexualität gehört nach dieser Ideologie unnatürlicherweise auch der sexuelle Umgang von Erwachsenen mit Kindern. Mancher sexualsüchtige oder pädophile Mann bezieht aus dieser Ideologie noch heute die Berechtigung von letztlich verbrecherischen sexuellen Handlungen. Das Brüchigwerden der Ehen, das Einbürgern so vieler »Lebensgefährten« in Restfamilien haben die Häufigkeit des sexuellen Missbrauchs an Kindern zusätzlich verstärkt.

Wirklich natürliche Eltern bzw. Pflege- oder Stiefeltern benehmen sich nicht in einer solchen unnatürlichen Weise »natürlich«. Zu einem vorbildlichen Klima gehören im Zusammenhang mit der Sexualerziehung eine pflegliche Anerkennung des Leiblichen (erkennbar an der Freude an Körperhygiene, Sport und der Pflege einer Esskultur), die Abgrenzung der Erwachsenensexualität, dadurch dass Eltern und Kinder (die älter als drei Jahre sind) in getrennten Räumen schlafen, die Sitte, Badezimmer und Elternschlafzimmer gelegentlich zu verschließen, sowie das Vermeiden, den nackten Körper des Erwachsenen vor älteren Kindern demonstrativ zu zeigen.

Kinder können um so gesünder in ihr Frau- und Mannsein hineinwachsen, je mehr sie Vorbilder haben, die mit überlegener Gelassenheit reife Erwachsene sind. Jede übertriebene Betonung, Zurschaustellung und thematische Fixierung an Gesprächsinhalte mit sexuellen Nuancierungen kennzeichnen gerade nicht den reifen Erwachsenen, sondern deuten auf sexuellen Infantilismus oder auf übersteigertes modisches Mitläufertum hin. Kindern, die in einer sexualisierten Atmosphäre aufwachsen müssen, gelingt die eigene Harmonisierung in diesem Lebensbereich später schwerer. Nicht eine prüde Leibfeindlichkeit, aber auch keine unnatürliche »Natürlichkeit«, sondern eine taktvolle, liebevolle Sensibilität auf diesem Sektor ist das Gebot der Stunde!

4. Kindgerechte Aufklärung im Vorschulalter

Abgesehen von der Vorerziehung zum Lieben brauchen Kinder heute im Lauf ihrer Entwicklung eine allmähliche, stufenweise erfolgende Information über all das, was zur Geschlechtlichkeit des Menschen gehört, wenn wir sie nicht in der Pubertätszeit in ein Verlassensein hineinstoßen wollen. Das Kind ist in der Tat kein geschlechtsloses Wesen. Wenn auch die Geschlechtsreife erst mit der Pubertät eintritt, so kennen bereits Kleinkinder Empfindungen und Lustgefühle im Genitalbereich. Darüber hinaus braucht jedes Kind eine Geschlechtsidentität als Junge oder als Mädchen, die es annehmen und erfüllen muss.

Außerdem beginnt jedes normal entwickelte Kind Grundfragen nach seiner Existenz zu stellen, wenn es den entsprechenden Reifegrad erreicht hat. Das Kindesalter zwischen dem vierten und siebten Lebensjahr ist durch eine unbefangene Lust am Erforschen der nächsten Umwelt gekennzeichnet. Das Kind kann sich in diesem Alter erstmalig als abgetrennt von seiner Umwelt erfahren. Es ist in der Lage, die Unterscheidung zwischen Ich und Außenwelt zu vollziehen.

Deshalb beginnt es in diesem Alter, die körperlichen Unterschiede zwischen Junge und Mädchen, zwischen Mann und Frau wahrzunehmen und zu erfragen. Es ist wichtig für die Erzieher zu registrieren, dass das Wissen um den Geschlechtsunterschied für kleine Kinder keineswegs selbstverständlich ist, sondern eine Gegebenheit, die ihnen oft als außerordentlich rätselhaft, ja gelegentlich befremdlich und ängstigend erscheint. Kinder möchten wissen, was das eigentlich soll! Keineswegs ist es aber sicher, dass die Kinder nach dieser ihnen meist wichtigen Angelegenheit fragen. Oft fangen sie lange und ausführlich an zu forschen.

Dazu ein Beispiel: Eine Mutter, die ausschließlich Töchter aufzog, hatte am Abend ihre dreijährige Jüngste gemeinsam mit dem zu Besuch weilenden Vetter in die Badewanne gesetzt. Plötzlich fragte die Kleine den Gast: »Du, was hast du denn da für ein Glöckchen?« – Der Junge schaute an sich herunter, dann zu dem Mädchen hinüber und antwortete ebenso nachdenklich wie schlagfertig: »Und du – warum hast du denn keins?« Das Kind schwieg eine Weile frustriert. Dann erwiderte es: »Na, kommt wohl noch!«

Für die solche Szenen beobachtenden Erwachsenen sollte das ein Signal sein, in kindlicher Sprache eine sachgerechte Erklärung abzugeben, damit sich nicht etwa eine ängstigende Fehlvorstellung wie z. B. ein feminines Minderwertigkeitsgefühl bei dem kleinen Mädchen einprägt. Der Wortlaut für dieses Alter könnte etwa so lauten: »Nein, das ist anders: Alle Mädchen haben stattdessen in ihrem Bauch eine Tasche, die haben die Jungen nicht. In dieser Tasche können später die Babys wachsen, wenn sie groß sind. Mädchen können dadurch Mamis werden, Jungen können das nicht. Aber sie können später Väter werden, und dazu brauchen sie das Zipfelchen, mit dem jeder Junge schon geboren wird, so wie ein Mädchen mit der Tasche in seinem Bauch.«

Um das den Kindern zunächst unverständlich bleibende Geheimnis der Geschlechter zu ergründen, entwickeln viele Kinder ein Interesse daran, die Sache zu erforschen. Manches Tun dieser Art wird von den Erwachsenen aber missverstanden. Dazu gehört zum Beispiel das Doktorspielen, das untersuchende Mühen, den Dingen auf den Grund zu gehen. Erziehende, die Derartiges beobachten, sollten ihre Aufgabe darin sehen, eine aufklärende und gleichzeitig beruhigende Erklärung abzugeben. Kinder sind mit Auskünften über die angeborenen Geschlechtsunterschiede meistens zufrieden. Dieses, nicht mehr, wollen sie wissen. Alle weiteren Erklärungen sind deshalb in diesem Alter häufig noch verfrüht und sollten nur gegeben werden, wenn die Kinder sie ausdrücklich weiter erfragen.

Bleibt aus Unachtsamkeit oder Prüderie der Erziehenden die natürliche Wissbegierde der Kinder auf diesem Sektor unbeantwortet, so können sie manchmal versuchen, die Wahrheit durch Eigenforschung herauszufinden, manchmal so, dass die nicht verstehenden Erwachsenen dann erschrecken.

Ein Vierjähriger hatte z. B. in einem antiautoritären Spielkreis fünf kleine Mädchen zusammen aufgestellt, ihnen dann der Reihe nach die Höschen heruntergezogen und sie angeschaut – in der Vorstellung, doch noch ein Kind mit einem, wie er meinte, intakten Genital zu finden. Er hatte nämlich zugeschaut, wie seine ihm nachgeborene Schwester gewickelt wurde und dabei die Vorstellung entwickelt, dass ihr das »Schwänzchen« gleich nach der Geburt im Krankenhaus abgeschnitten worden sei. Dass das bei allen Mädchen seines Spielkreises scheinbar so war, hätte die bereits vorhandene Fehlvorstellung verstärken können, dass auch ihm dergleichen passieren könne. Sein Forschungsversuch blieb aber nicht geheim – er beunruhigte die Mütter begreiflicherweise und führte zu einer Vorstellung des Kindes beim Kinderpsychotherapeuten. So konnte der Bub mit dem wahren Sachverhalt bekannt gemacht und konnten seine Eltern beruhigt werden: nicht ein Sexualverbrecher habe hier seine ersten ungelenken Versuche begonnen, so ließ sich vermitteln, sondern eher dürfe man hoffen, dass der kleine Sohn ein forschender Wissenschaftler würde. Denn mit der Repräsentanz eines Einzelfalles hätte er sich eben nicht zufrieden gegeben.

Oft werden die neuen Anfragen auch wortlos vorgetragen, und zwar durch ein Zeigen der Genitalien, das mit besonderem Vergnügen untermischt ist. Manchmal kommen die Kinder nach dem Zubettgehen plötzlich noch einmal unbekleidet angesprungen, oder sie heben ihr Nachthemd mit einem deutlich demonstrativen Akzent auf. An dieser Stelle ist es wichtig, weder mit Ablehnung noch mit amüsiertem Gelächter zu reagieren. Eltern und Erzieher, die wissen, dass hinter einer solchen Demonstration ein fragendes Kind verborgen ist, beantworten das in der gleichen Weise wie bei den Kindern im Badewannen-Beispiel.

Diese Erklärungen über die Geschlechtsunterschiede sind nötig, weil Kinder, deren Fragen unbeantwortet bleiben, häufig Fehlvorstellungen über die Entstehung der Geschlechter entwickeln, die – mit Schuldgefühlen vermischt – eine Quelle von Ängsten werden. Jungen können besonders im Alter von fünf Jahren (wie der forschende Bub) die Furcht entwickeln, man könne ihnen das Glied abschneiden und sie damit zu einem Mädchen ›degradieren‹. Mädchen haben dagegen die Vorstellung, es fehle etwas, sie seien, so würde man sagen, nur kastrierte Knaben. Solche Phantasien können Anlass für tiefgreifende Minderwertigkeitskomplexe werden, selbst noch bei erwachsenen Frauen, ohne dass ihnen die Ursache dieser Abwertung in Erinnerung wäre.

Es gibt allerdings auch Kinder, die mit den Erklärungen der Erwachsenen über das Angeborensein der Geschlechtsunterschiede als Antwort nicht zufrieden, das heißt mit ihrem Geschlecht nicht einverstanden sind. Besonders häufig kommt das bei Kindern vor, die zu Hause erleben, dass ihnen ein Kind des anderen Geschlechts vorgezogen wird, oder wenn sie erspüren, dass Vater oder Mutter mit dem Geschlecht des Kindes nicht einverstanden sind und sich mit der Realität nicht wirklich abgefunden haben. Das zeigt sich dann darin, dass Mädchen sich betont wie Jungen und Jungen wie Mädchen zu verhalten beginnen. Es ist außerordentlich wichtig für die weitere Entwicklung solcher Kinder, dass Erzieher das durchschauen und sie gerade in ihrem spezifischen Geschlecht als Junge oder als Mädchen ernst nehmen und bestätigen.

Kinder, die sich in ihrem So-Sein, in ihrer existenziellen Eigenart nicht angenommen fühlen, können schwere Minderwertigkeitsgefühle entwickeln, so dass sie später entweder durch eine extreme Geltungssucht bis zur Hysterie oder durch eine geduckte Gehemmtheit auffällig werden.

Altersentsprechende Sexualerziehung im Vorschulalter sollte in der Hauptsache in einem aufmerksamen, hellhörigen und wissenden Beobachten der Kinder in ihren Spielinhalten oder auch in ihren zeichnerischen Darstellungen bestehen. Probleme und Konflikte in Bezug auf unbeantwortete Fragen auf dem Sektor Sexualität drücken sie viel eher und tiefsinniger in ihren Darstellungen, manchmal auch in ausgedachten Geschichten und Träumen aus, als durch direkte Aussagen.

Im Alter von zwei bis sechs Jahren leben Kinder noch

im Halblicht des Unbewussten; die verbale Aussage und das verbale Ansprechen des Themas Sexualität durch die Erziehenden sind deshalb häufig noch unangemessen. Kinder haben ein unbewusstes Vorwissen über die Sexualität, agieren auch mit ihr, aber auf einer unbewussten Ebene. Es ist die Aufgabe der Erzieher von Vorschulkindern, Spiele dieser Art zu hinterfragen und zu verstehen. Es ist aber nicht nötig, sie ihnen als sexuell zu interpretieren. Denn jegliches bewusst machende Hervorzerren stellt eine Verfrühung dar und kann den Kindern durch die Fixierung und Abspaltung der unreifen Sexualität schaden.

Die meisten aufgeweckten Kinder pflegen bereits im Vorschulalter zu fragen: »Wo kommen die Babys eigentlich her?« Es fällt vielen Eltern nicht mehr schwer, ihren Fünf- bis Sechsjährigen darauf zu antworten: »Die Kinder werden von der Mutter geboren. Sie wachsen im Bauch der Mutter, und du warst auch darin.« Es ist nicht verfrüht, den Kindern die Fragen nach Geburt und Schwangerschaft zu beantworten, bevor sie in die Schule kommen, damit sie sich nicht zurückgesetzt fühlen, wenn Gleichaltrige mit ihrem Wissen angeben, um die Unwissenden zu schockieren.

Nachdenkliche Kinder wollen es dann häufig schon genauer wissen und stellen die Frage: »Wo kommt es denn heraus?« Die Antwort könnte lauten: »Die Tasche, in der das Kind im Bauch der Mutter wächst, hat einen Ausgang. Er ist nur für die Babys und liegt in der Spalte der Frau zwischen den Beinen vor ihrem Po. Dort kommen die Babys heraus.« Diese Erklärung kann verhindern, dass Kinder die Vorstellung entwickeln, Neugeborene kämen aus dem Nabel, aus der Brust oder dem

After. Solche Phantasien können besonders kleine Mädchen angstvoll belasten. Detaillierte Informationen über den Geburtsvorgang sollten in diesem Alter nur auf ausdrückliches Fragen gegeben werden. Die Darstellung anatomischer Einzelheiten ist zu einem späteren Zeitpunkt geeigneter.

Buben registrieren in diesem Alter bereits Gliedversteifungen und fragen angstvoll, was das sei. Es genügt, dann zu sagen: »Ja, das ist bei allen Buben so, das ist natürlich.« Erklärungen über die Funktion des Gliedes sind unangebracht, weil derartige Zusammenhänge meist noch nicht erfasst werden können. Vier- bis Fünfjährige fragen, wenn sie nicht künstlich durch ältere Geschwister darauf aufmerksam gemacht worden sind, nicht nach Zeugungsvorgängen. Das geschieht meist erst im Grundschulalter.

5. Fragen um die frühkindliche Selbstbefriedigung

In der Praxis lässt sich immer wieder die Erfahrung machen, dass zu früh stimulierte Kinder in ihrer geistig-seelischen Entwicklung stagnieren, später unter Umständen sogar zu unruhigen, nervösen Schulversagern werden und in eine Fehlentwicklung gehen. Verhaltensstörungen sexueller Art, die Eltern von Kleinkindern veranlassen, Erziehungsberatung zu suchen, sind vor allem Manipulationen an den Genitalen.

Onanie in der frühen Kindheit kann viele verschiedene Ursachen haben. Leider gibt es heute eine Zunahme von sexuellem Missbrauch sogar an Säuglingen und Kleinkindern. Es gibt Erziehende, die den kleinen Penis belutschen, bis er erigiert, so dass die Reizung zur Selbststimulation führt, indem sich die gewindelten Buben auf den Bauch legen und sich rhythmisch bewegen.

In einigen Fällen habe ich erlebt, dass sogar Väter als Hausmänner bei der Pflege des Säuglings durch Überreizungen von Vagina und After zu Verbrechern an ihren eigenen Baby-Töchtern wurden und Impulse zur Onanie bei den Kleinkindern auslösten. Mädchen entdecken dann, dass sie sich im Reitsitz (meist auf einem großen Stofftier oder Ähnlichem) genital erregen können. Gelegentlich entsteht die frühkindliche Onanie auch als Tröstung, wenn – besonders Kinder im zweiten Lebensjahr – plötzlich gezwungen werden, in ihrem Bett allein einschlafen zu sollen.

Manchmal hat die frühkindliche Onanie aber auch eher entgegengesetzte Ursachen. So kam zum Beispiel eine Mutter mit ihrem vierjährigen Klaus und klagte weinend, dass das Kind fortgesetzt mit seinem Glied spiele.

Man könne es ihm verbieten, ihn auf die Hand schlagen, ihm drohen – der Junge könne einfach nicht davon lassen. Bei jeder Gelegenheit, selbst auf der Straße und angesichts fremder Menschen, immer sei die Hand am verbotenen Ort. Zorn und Scham der Mütter über ein in dieser Weise »ungeratenes Kind«, wie sie dann meinen, pflegen manchmal beachtlich zu sein, gelegentlich weit mehr, als wenn das Kind bei einem Diebstahlsdelikt ertappt worden wäre.

Ich fragte Klaus' Mutter nach seinem Spielverhalten. »Ach, er bleibt selten bei einer Sache«, kam die Antwort, »meist hockt er irgendwo untätig herum. Vor dem Fernseher kann er stundenlang sitzen.«

Das ist eine außerordentlich typische Erscheinung, die bei kleinen Kindern oft in Verbindung mit einer Stereotypie zu finden ist: ihr Mangel an Spiellust und Spielidee, die Einschränkung zielvoller Aktivität. Aber sie tritt keineswegs nur beim zwanghaften Manipulieren an den Genitalien auf. Sie ist wie die vielfältigen anderen Stereotypien – etwa das Daumenlutschen oder Nägelkauen – eine Ersatzbefriedigung, die der Teilentlastung eines frustrierten Bedürfnisses dient. Sie dient auch bei Kindern, die an eine frühkindliche Onanie geraten sind, kaum einmal der Entlastung eines sexuellen Bedürfnisses. Hier kann es deshalb leicht zu Fehlschlüssen und Missverständnissen kommen.

Wenn ein Kleinkind zwanghaft an seinem Genital manipuliert, so hat das meist nicht den Aussagewert wie die Selbstbefriedigung bei einem Jugendlichen. Dort stellt sie sehr häufig eine Teilentlastung des Geschlechtstriebes dar. Bei Kindern im Vorschulalter pflegt das hingegen nicht der Fall zu sein. Man darf dann die Mütter, die in ihrer besorgten Phantasie die Söhne bereits als frühreife Triebverbrecher sehen, beruhigen.

Schwieriger ist es, die Frage zu beantworten, welcher Bedürfnisbefriedigung die Selbstbefriedigung bei Kleinkindern dient, wenn sie lediglich ein Symptom ist. Bei Klaus z. B. war das nicht schwer zu erfahren: Er war das einzige Kind seiner Mutter. Nach einer langen kinderlosen Ehe war ihr Wunsch nach einem Kind endlich in Erfüllung gegangen. Die Geburt war schwer; an nachfolgende Schwangerschaften dürfe nicht gedacht werden, hatte der Geburtshelfer gesagt. Die Mutter hütete daher ihr Kind wie ein Goldkorn. In ihrer Sorge, dass es sich einmal verletzen könnte, hatte sie es von dem Entwicklungsstatus ab, in dem es die Türen öffnen konnte, im Laufstall angebunden. Darüber habe das Kind oft bitterlich geweint, berichtete die Mutter, aber sie sei dann viel mit dem Jungen spazieren gefahren und habe ihn mit besonders schönen Spielsachen zu erfreuen gesucht. »Aber um diese Zeit kam er immer häufiger auf die Idee, an seinem Glied zu zupfen«, erklärte sie.

Aus diesem Bericht werden die Zusammenhänge deutlich erkennbar: Ein- bis dreijährige Kinder sind in der Phase der handelnden Weltbewältigung. Sich die nähere Umgebung vertraut und bekannt zu machen, Körperbeherrschung zu lernen und allmählich Unabhängigkeit von der Mutter zu üben, stehen im Mittelpunkt der Aufgabe dieser Entwicklungsphase. Das wusste diese Mutter nicht. Und da sie überbesorgt war, hatte sie die Notwendigkeit übertrieben, das unerfahrene Kind vor Schaden zu bewahren. Der frustrierte expansive Antrieb brauchte nun aber ein Ventil der Beschwichtigung und fand es in der Manipulation am eigenen Körper. Die Genitalzone ist schließlich, ähnlich wie Mund und After, auch bereits beim Kind eine so genannte erogene Zone, das heißt eine Körperstelle, die durch Berührung sensibilisierbar ist und Lustgefühle auszulösen vermag.

Aber warum blieb das Symptom so hartnäckig erhalten, auch nachdem der Junge größer geworden war und sich freier bewegen durfte? Das Bedürfnis, der Mutter zu trotzen, wird bei einem Kind verstärkt, wenn sie versucht, es durch ungeeignete Erziehungspraktiken auf der Stufe der Unselbstständigkeit festzubannen. Daher pflegen Kinder von überbehütenden Müttern konsequenterweise energisch jene Verbote zu übertreten, die die Mutter am nachdrücklichsten betont. Mit dem Widerstand gegen das Verbot entlastet das Kind teilweise einen für es selbst lebensnotwendigen Antrieb: sich vom Schürzenband der Mutter allmählich zu befreien. Klaus' Mutter aber übertrug außerdem eigene unbewältigte Genitalangst auf ihr Kind, so dass das Symptom bei ihr eine übersteigerte Beachtung erfuhr. »Stellen Sie sich vor«, sagte sie, »in unserer Familie gibt es einen Verwandten, der wegen sexueller Delikte hat einsitzen müssen! Wenn nun unser Junge solche Eigenschaften geerbt hat!«

Schon die Alten haben gewusst, dass es besonders einfach ist, den Teufel zu beschwören, indem man ihn an die Wand malt. Die Sensibilisierung der Genitalzone bei Klaus wurde durch die Ängste seiner Mutter provoziert. Dieser Sachverhalt pflegt nun freilich keineswegs immer vorzuliegen, wenn ein kleines Kind zwanghaft an seinem Geschlechtsteil spielt. Häufiger finden wir diese Symptomatik bei Kindern, die in ihrer ersten Lebenszeit viel Trennung von ihren Bezugspersonen erleben mussten, und erst recht bei solchen, die zu oft – wenn auch nur für relativ kurze Zeit – allein gelassen wurden. Hier ist die Selbstbefriedigung dann ein Ersatz für das Bedürfnis nach Hautkontakt und Zuwendung.

In den vergangenen Jahren hat sich die Onanie von Kleinkindern nicht selten als ein Schrei nach der Mutter erwiesen. Das Babyjahr, das vor fast 20 Jahren eingeführt wurde, macht es heute vielen Müttern möglich, in der ersten Zeit ihre Säuglinge zwar altersgerecht zu pflegen; nicht selten steigen sie dann aber bereits im zweiten oder dritten Lebensjahr ihrer Kinder wieder in den Beruf ein. Oft treten dann Tagesmütter an ihre Stelle. Wenn diese Kinder nun aber eine intensive Bindung an ihre Mutter entwickelt haben und diese durch viel Beschäftigen mit dem Kind auch seine emotionale und intellektuelle Entwicklung optimal gefördert hat, können die Kinder das tägliche Fortgehen der Mutter mit erheblicher Frustration, ja, Verlustangst beantworten, zumal wenn es der Tagesmutter nicht gelingt, das schreiende oder stumm trauernde Kind abzulenken und seine Seele für sich zu gewinnen.

Extremes Onanieren, an das das Kind schließlich sogar wie abwesend fixiert wird, kann in solchen Fällen die Folge sein. Es ist dann geradezu unumgänglich, dass sich die Mütter so lange von ihrer außerhäuslichen Berufstätigkeit trennen und sich selbst um die Betreuung des verhaltensgestörten Kindes bemühen, bis es so reif ist, dass es sich an andere Bezugspersonen gewöhnen kann.

Es ist für Kinder im Vorschulalter von existenzieller Wichtigkeit, in ihrem nahen Umfeld Kontakt und Anerkennung zu finden. Allein gelassene, vernachlässigte, isolierte (manchmal auch unter Erotisierung durch ihre Mütter aufwachsende) Kinder werden nicht selten zu schwer kontaktgestörten Menschen im Erwachsenenalter. Auf diesem Boden kann sich sogar u. U. eine exhibitionistische, pädophile oder homosexuelle Fehlentwicklung anbahnen.

Zu den Verhaltensstörungen im Vorschulalter gehören heute in zunehmendem Maße auffällige verbale Äußerungen aus dem Sexualbereich. Wenn Kinder mit Ausdrücken aus der sexuellen Gossensprache ihre Umgebung zu provozieren versuchen, so ist – auch im Grundschulalter – hinter einem solchen Wiederholungszwang häufig der Hilferuf eines sexuell missbrauchten Kindes zu sehen. Aber auch das Gegenteil kommt vor: sexuell missbrauchte Kinder verstummen plötzlich und können auf ihre Umgebung wie mutistisch wirken. Das ist besonders dann der Fall, wenn der Sexualtäter dem missbrauchten Kind gedroht hat, es zu töten oder ins Gefängnis zu bringen, wenn es etwas von den Vorgängen berichtet. Diese Form von Mutismus lässt sich von einem frühkindlichen Autismus dadurch unterscheiden, dass die Störung von einem Tag zum andern einsetzt, obwohl das Kind schon fähig war, sich auch außerhalb der vertrauten Umwelt verbal zu äußern.

6. Altersentsprechender Kindergarten

Es ist unstrittig, dass der halbtägige Kindergarten vom vierten Lebensjahr an für die seelische Entfaltung von Kindern einen förderlichen Einfluss haben kann. In den vergangenen beiden Jahrzehnten ist freilich der Ruf nach einer gezielten Vorschulerziehung des Kindes zu einer verfrühten Kollektivierung, zu antiautoritären Kinderladenmodellen und manchmal auch zu einer sexualisierenden Stimulation missbraucht worden.

Sexualerziehung im Kindergarten ist nicht nur unnötig, weil verfrüht, sondern kann auch unter Umständen aus den bereits erwähnten Gründen schädliche Folgen im Erwachsenenalter haben. Es gibt in der Bundesrepublik Kindergärten – gelegentlich sogar kirchlich geleitete –, in denen die Ideologie, dass bereits Kleinkinder sexuell anzulernen seien (meist ohne dass die Erzieher wissen, was sie tun), immer noch nicht ausgestorben ist.

Es ist unangebracht, in Kindergärten und Kindertagesstätten Kuschelecken einzurichten, in denen die Kinder »Mutter und Vater im Bett« spielen dürfen und zu Spielen dieser Art von den Erzieherinnen ermuntert werden. Manche sind immer noch in der ihnen in der Ausbildung vermittelten Theorie zu Hause, die Aufgabe zu haben, auf diese Weise die anvertrauten Kinder auf ein unverklemmtes Geschlechtsleben im Erwachsenenalter vorzubereiten. Dazu muss korrigierend gesagt werden: Sexuelle Vorübungen können wie Verletzungen wirken, die keineswegs die gesunde Ausreifung zur Sexualität des Erwachsenen fördern, sondern sie geradezu blockieren. Menschen, die im Kindergarten zu sexuellen Spielereien stimuliert wurden, bleiben unter Umständen auf dieser

Stufe fixiert und behalten manche unreifen Formen genitaler Betätigung auch im Erwachsenenalter geradezu suchtartig bei, so dass es sogar zu Perversionen kommen kann.

Hingegen bedarf es der Beachtung der Erzieher, wenn sie beobachten, dass sich Kinder in ihrer Gruppe exhibierend, selbstbefriedigend oder sexuell verbalisierend verhalten. Dabei ist wichtig zu wissen, dass Verhaltensweisen dieser Art keine seelisch gesunden Kinder kennzeichnen, sondern solche, die an Defiziten leiden oder sogar sexuell missbraucht wurden. Nicht die Stärkung dieser Auffälligkeiten, beziehungsweise die Anregung für andere, sich ebenso zu verhalten charakterisieren eine gesunde Kindergartenpädagogik, sondern ein sorgfältiges Recherchieren, um das Symptom als das zu verstehen, was es ist: ein Notsignal eines bedrängten, seelisch bedürftigen oder vernachlässigten Kindes.

In derartigen Fällen ist eine liebevolle, umfangreiche Beratung mit den Eltern des Kindes angebracht, damit es den Erziehern möglich wird, selbst zu einer Differenzialdiagnose zu kommen. Über die Anregung zu Phantasiespiel, Malereien und Rollenspiel kann einem so gestörten Kind im Kindergarten gezielt die Möglichkeit gegeben werden, sein Defizit oder seine seelische Verletzung zu überwinden. Das hellhörige Verstehen der Erzieher (nicht etwa das Interpretieren der Spielinhalte vor den Kindern!) hat, da sie auf diese Weise gewissermaßen beiläufig therapiert werden, häufig eine große heilsame Wirkung. Eine Sexualerziehung nach Holzhammermanie oder gar eine detaillierte Aufklärung mit drastischem Bildmaterial ist für Kinder im Vorschulalter und schon gar im Kindergarten fehl am Platz.

Zusammenfassend lässt sich zur Sexualerziehung im Vorschulalter sagen: Eine gesunde Entfaltung der Sexualität ist nicht durch verfrühte Sexualbetätigung zu erreichen, sondern im Gegenteil: sie wird dadurch in Frage gestellt. Zwar ist sexuelle Erregung bei Kindern bereits auslösbar, sie bedarf vor der Geschlechtsreife aber überoptimaler Reize. Im Hinblick auf die kindliche Sexualität gilt ein sehr allgemeines Gesetz: Der äußere Reiz muss umso stärker sein, je geringer die innere Bereitschaft ist, wenn Wirkungen erzeugt werden sollen.

Sexuelle Stimulation der Kinder hat eine gefährliche Wirkung: Es entsteht durch Verfrühung und Übertreibung eine Abspaltung, eine Eliminierung, eine Verselbstständigung der sexuellen Funktion. Sie bekommt die Gewichtigkeit eines Kitzels, der suchtartig und verabsolutiert nach immer mehr Stimulation drängt. Dieser Zustand tritt umso eher ein, je weniger primäre Bindung durch die gefühlsmäßige Hinwendung zu einem Du ausgebildet werden konnte und je mehr sexuelle Reizung eine isolierte Sache ist und bleibt.

Viele Patienten, deren Sexualität tragischerweise zu früh geweckt wurde, berichten eben diesen Sachverhalt: Sie klagen darüber, dass die Sexualität für sie nicht die Beziehung zu einem Partner bereichert, mit dem sie sich emotional verbunden fühlen, sondern dass sie die Sexualität als einen Zwang erleben, der seinen Tribut fordert und der mit Hilfe irgendeiner Methode – durch Selbstbefriedigung oder etwas beliebig anderes, eben an einem »Gegenstand«, sei es ein Mensch oder eine Puppe – dranghaft getätigt wird. Was aber für den jungen Menschen am bedauerlichsten ist: Ganz gleich, ob die Sexualität durch Verfrühung verdrängt wurde oder zum Zwang entartet ist – sie vereinnahmt die geistigen Kräfte, fesselt die Gedankenwelt und hat deshalb oft auch später Versagen in der Schule, in der Ausbildung oder im Arbeitsprozess zur Folge.

Die erfahrene Psychoanalytikerin Ursula Zenke resümiert: »Eine Fixierung des Triebes in den so genannten prägenitalen Antriebsstufen an Teiltriebe der Sexualität führt zu Triebentartungen. Besonders tragisch ist dabei, dass der Trieb von diesen frühkindlich besetzten Triebzielen sehr schwer ablösbar ist, ja, derartige frühkindliche Störungen können bis zur Aufnahme zwischenmenschlicher Beziehungen latent bleiben und befallen im Augenblick der Realisierung zwischengeschlechtlicher Beziehungen den Menschen im Erwachsenenalter zwanghaft. Da hilft kein Erproben und Üben an laufend wechselnden Sexualobjekten. Es kann dann nämlich keine Du-Beziehung, keine Partnerschaft hergestellt werden – ein tragisches Triebschicksal, das gleichzeitig schwerste Gestörtheiten im seelisch-geistigen Bereich nach sich zieht.«

Gesunde geschlechtliche Erziehung im Vorschulalter darf weder sexuelle Stimulation noch eine übersteigerte verbale Akzentuierung sexueller Themen sein. Vielmehr sollte die Liebes- und Kommunikationsfähigkeit der Kinder bis zum Beginn des Schulalters so intensiv wie möglich gefördert werden.

7. Die Latenzphase als Identitätsfindung

Seit mehr als zwanzig Jahren, nachdem die Theorie von der angeborenen Gleichheit der Geschlechter auch in die Pädagogik eingedrungen ist, versucht man auf dem Boden der Koedukation in der Grundschule, Jungen und Mädchen zu einem gleichartigen Verhalten, zu einer intensiven Kommunikation in ihren Spielen zu veranlassen. Es ist von eindrucksvoller Relevanz, wie wenig diese so gezielten Bemühungen von Erfolg gekrönt waren. Nach wie vor findet im Grundschulalter eine von Pädagogen kaum zu verhindernde Differenzierung statt: Die Jungen spielen immer gezielter für sich, die Mädchen bilden vornehmlich Gruppen nur unter ihresgleichen. Diese Hartnäckigkeit des Verhaltens bestätigt, dass in der Grundschulzeit in zunehmendem Maße eine Identifizierung der Kinder mit ihrer eigenen Geschlechtsidentität stattfindet. Das heißt: Es ist den Jungen bewusst geworden: »Ja, ich bin ein Junge und bin auf dem Weg, ein Mann zu werden wie mein Papa.«

Der gleiche Vorgang findet natürlicherweise in diesem Alter bei den Mädchen statt, nur ist die Sicherheit der Identitätsfindung bei ihnen heute weniger gegeben als bei den Knaben. Sie brauchen noch bewusster ein Vorbild, das gewissermaßen mit Freuden Frau ist. Mütter, die feministisch über ihr Los als unterdrücktes Geschlecht klagen, können bei ihren Töchtern eine Unsicherheit in der Geschlechtsidentität hervorrufen: Sie wären dann doch eigentlich lieber Jungen!

Grundsätzlich ist es von zentraler Bedeutung, ob Kinder Vorbilder haben, die ihnen eine sichere Identifikation mit ihrem angeborenen Geschlecht ermöglichen, oder solche, die mit sich unzufrieden sind oder in ihrem Verhalten abstoßend wirken, so dass die Kinder durch das negative gleichgeschlechtliche Vorbild in ihrem Identifikationsprozess gestört werden. Der Antrieb, sich das richtige Vorbild einzuprägen, scheint durch Angst und Abscheu, jedenfalls durch negative Gefühlstöne irritiert, behindert und verdrängt werden zu können. Die Identifikation mit dem angeborenen Geschlecht ist jedoch eine außerordentlich wichtige Voraussetzung für ein gesundes Selbstwertgefühl im Erwachsenenalter und für die Fähigkeit, später auf das andere Geschlecht zugehen zu können. Die Grundschulzeit wird deshalb zu Recht als so genannte »Latenzphase« bezeichnet: In dieser wird nachhaltig Identitätsfindung im eigenen Geschlecht eingeübt. Die Welt des anderen Geschlechts wird hingegen als uninteressant, fern, ja gelegentlich als falsch erlebt. Die Mädchen bezeichnen die Jungen abwertend als »Blödmänner«, die Jungen die Mädchen als »dumme Gänse«.

In dieser Latenzphase ist es demzufolge von allerhöchster Wichtigkeit, dass Erotisierendes zwischen Eltern und Kindern, zwischen Sohn und Mutter, zwischen Vater und Tochter vermieden wird. Zwar ist für die spätere Beziehung zu einem gegengeschlechtlichen Partner im Erwachsenenalter das positive Vorbild vom Vater für die Tochter, von der Mutter für den Sohn ebenfalls von größter Bedeutung. Aber erwachsene Bezugspersonen sollten gerade in der Latenzphase (und auch später) eine natürliche Distanz im Hinblick auf erotisches und sexuelles Verhalten zeigen. Jede Überhitzung der Beziehung kann hier schaden und zu später störenden Schädigungen führen: entweder bleiben die jungen Erwachsenen an den erotisierenden Elternteil fixiert, oder die natürliche Inzestschranke wird so gestärkt, dass es zu einer nicht mehr auflösbaren Hemmung kommt.

Die Psychoanalytikerin Annemarie Dührssen schreibt: »Hemmung und Verdrängung der allgemeinen Gefühlsbezogenheit zum anderen Geschlecht ist immer der erste vorbereitende Schritt für das Auftreten neurotischer Perversionen; Hemmung und Verdrängung der gegengeschlechtlichen Sexualimpulse der nächste. Ist der gegengeschlechtliche Elternteil aber übertrieben verwöhnend und stimuliert er das Kind in dieser Phase auf erotische Weise, so bleibt das Kind an ihn in einer unangemessenen Weise gebunden.« Und der Psychiater J. H. Schultz ergänzt: »Dass Verfehlungen der gesunden Mitte in der frühkindlichen Pflege und Behandlung die gleichen schweren Entwicklungsstörungen bei den Kindern bedingen können, gleichgültig, ob es sich um ein Zuviel oder Zuwenig an Liebe handelt (Verwöhnung oder Härte), ist heute allgemein bekannt. Und so ergibt auch die analytische Arbeit an Homosexuellen bald die übersorgende, verweichlichende und verunselbstständigende, bald die harte, gemütlose, lieblose, herrische und ekelhafte Mutter.«

Die Notwendigkeit, den Kindern eine sichere Geschlechtsidentität zu gewährleisten, kann heute gar nicht nachdrücklich genug betont werden; denn das psychoanalytische Erfahrungswissen, dass es dazu klarer, natürlicher, geschlechtsspezifischer Vorbilder bedarf, droht heute unter der einhellig propagierten Gleichheitsideologie verdrängt zu werden und infolgedessen in Vergessenheit zu geraten.

Frauen und Männer sind angeborenerweise in ihrer Wesenheit verschieden, und sie sind auf unterschiedliche

Funktionen bei der Erziehung ihrer Kinder geradezu programmiert. Die Aufgaben der Eltern sollten deshalb nicht gleichgeschaltet werden. Sie sind vielmehr auf Ergänzung hin angelegt. Nur durch Künstliches, z. B. mit Hilfe der Attrappe eines Still-Busenhalters, könnte der Vater die Mutter bei der Pflege des Säuglings ersetzen, ebenso wie die Mutter nicht vollständig den Vater bei der Einprägung einer festen Geschlechtsidentität der kleinen Söhne ersetzen kann. Selbst das Mädchen kann nur durch das positive liebevolle Verhalten des Vaters seiner Frau gegenüber eine positive Vorstellung von Ehe erwerben und das Zukunftsideal entwickeln, einmal eine Familienmutter zu werden.

Wenn junge Eltern heute – oft aufgrund ihrer eigenen Vorerfahrungen im Kindesalter – keine klare Geschlechtsidentität haben und diese durch ihr Verhalten im Alltag in den Augen der Kinder immer mehr verschwimmt (z. B. wenn der Vater als Hausmann und die Mutter als Pilotin tätig ist), so kann das in dieser Vorprägungsphase zur Geschlechtsidentität psychische Verwirrung stiften. Unser Zeitgeist hat sich – sehr zum Schaden der jungen Generation – angemaßt, die natürlichen hormonell bedingten Geschlechtsunterschiede von Mann und Frau zu missachten und den törichten Versuch zu machen, sie außer Kraft zu setzen. Aber Mütter sind – solange sie seelisch gesund sind – nun einmal geduldiger, weichherziger, zärtlicher, sprechfreudiger als Väter. Diese hingegen können bereits durch ihr Erscheinungsbild den Kindern mehr Schutz, Stärke und Sicherheit vermitteln als eine in der Regel körperlich zartere Ehefrau. Die angeborene Vorbereitung zu solcher Aufgabenerfüllung im Erwachsenenalter muss den Kindern am geschlechtsspezifischen Verhalten der

Eltern gewissermaßen bestätigt werden, um ihnen in dieser Hinsicht eine klare Orientierung für ihr späteres Leben zu vermitteln.

Unsere Zeit versündigt sich an dieser so wichtigen Aufgabe, wenn sie sich dem Geist der Machbarkeit und Beliebigkeit verschreibt. Was hier im Grundschulalter fehlgepolt wurde, zeigt sich später nur allzu oft als ein Schwanken über das richtige Verhalten und kann durch das Fehlen einer klaren Zuordnung zum angeborenen Geschlecht Homosexualität begünstigen, zumal diese heute auf dem Boden einer fatalen Ideologie als »normale Spielart der Sexualität« an die Jugend verkauft wird. Zurecht spricht die Entwicklungspsychologie deshalb von Fehlprägungen.

In der Tat kann sich in der 5 bis 10-Jährigkeit durch ein ungutes und verwirrendes Erleben eine Unsicherheit in der von Geburt an programmierten Geschlechtszugehörigkeit so einstanzen, dass das zu unklaren Lebensentwürfen, zu vielerlei Suchen und Schweifen bis hin zu Perversionen oder – im Fall von Verdrängungen – zu psychosomatischen Leiden wie auch zu psychogen bedingter Impotenz führen kann.

Eine neue Bejahung der Geschlechtsidentität als Mann oder als Frau, die bewusste Bemühung, sie den Kindern durch das Vorleben von Vatertypischem und Muttertypischem besonders in der Grundschulzeit als Vorprägung für das Erwachsenenalter mitzugeben, ist heute von höchster Dringlichkeit.

Ein neues Verantwortungsbewusstsein sollte die Quintessenz der Erfahrung sein, dass der Mensch sich um seine Freiheit und seine Zufriedenheit zu bringen vermag, wenn er den Rahmen der ihm vorgegebenen Markierungen leichtfertig und anmaßend zu sprengen versucht. Wir Menschen sind darauf angewiesen, vorgegebenen geschöpflichen Anweisungen zu folgen. Grenzüberschreitender Hochmut zahlt sich nicht aus. Das kann vielmehr – einige Generationen lang praktiziert – halsbrecherisch werden!

Kinderpsychotherapeuten stellen deshalb infolge der gleichheitsideologischen Trends bei ihren testpsychologischen Untersuchungen zunehmend häufiger fest, dass sich bei Grundschülern eine so genannte »Fehlidentifikation« abzuzeichnen beginnt. Manche Kinder sagen es auch ganz unverblümt – als Mädchen: »Ich möchte aber lieber ein Junge sein!«, oder als Junge: »Ich will kein Junge sein – lieber ein Mädchen!«

Im Einzelfall müssen die Gründe dafür durch sorgfältiges gemeinsames Nachdenken mit den Eltern herausgefunden werden. Sie können vielschichtig sein: Erleben die kleinen Söhne die Mutter als die männlich Mächtige in der Familie, beginnen sie nicht selten sogar mehr oder weniger heimlich ihre Kleider anzuziehen. Diese Fehlentwicklung kann umso eher eingeleitet werden, wenn der Vater als schwach erlebt wird, als einer, der – z. B. als Stiefvater nach der Scheidung der Eltern – wenig Interesse an dem Stiefsohn zeigt, oder wenn der Vater ganz aus dem Leben des kleinen Sohnes entschwindet. Werden hingegen die Söhne von dem dominanten Vater bevorzugt und ist die Mutter blass und schwach, so beginnt das kleine Mädchen nicht selten mit Muskeltraining etc. Durch Erforschung der Gründe und durch die Heilung von Fehlidentifikation kann späteren Irrungen und Wirrungen rechtzeitig vorgebeugt werden. Beobachtung und Bemühung um Revision der

Störung ist deshalb in diesem Alter von größter Wichtigkeit.

Aus Erfahrungen von Psychotherapeuten darüber, dass durch Verfrühungen und unangemessenes Verhalten der Bezugspersonen Sexualstörungen hervorgerufen werden können, muss eine besondere pädagogische Sorgfalt in der Latenzphase resultieren. So wenig wie möglich sollte die Identitätsfindung, die Verfestigung der Geschlechtsidentität durch sexuelle Unangemessenheiten oder erotisierenden Aufklärungsunterricht gestört werden. Dazu gehört auch, dass Kinder nicht mit pornographischem Material, seien es Fotos oder Videos, konfrontiert werden.

Aus dem bisher Gesagten wird deutlich, dass der Sexualkundeunterricht in der Grundschule eine höchst sensible Angelegenheit ist, die Spezialwissen und Verantwortungsbewusstsein voraussetzt. Diese Phase ist von tiefer Bedeutsamkeit als Voraussetzung für ein gesundes Liebesleben im Erwachsenenalter. Die Festigung in der Bejahung der Geschlechtsidentität sollte so wenig wie möglich gestört werden. Es gibt aber keine Kontrollmöglichkeit, um eine solche Schonung während des Sexualkundeunterrichts zu gewährleisten. Deshalb wäre es besser, durch sachgerechte Information über diese wichtige Entwicklungsphase den Schwerpunkt mehr darauf zu verlagern, Väter und Mütter zu befähigen, ihren Kindern bei Fragen über die Sexualität altersgemäß zu antworten und durch klare geschlechtsspezifische Vorbilder den Kindern die Festigung ihrer Geschlechtsidentität zu erleichtern.

Die Devise, alles zu seiner Zeit und alles mit Maß, ist noch immer eine pädagogische Wahrheit. Für Informationen aus dem Bereich der Erwachsenensexualität ist das Interesse bei Grundschulkindern allenfalls bei einigen wenigen frühreifen oder bereits durch Erwachsene geweckten Kindern vorhanden. Zu mir in die Praxis werden in den letzten Jahren zunehmend mehr Kinder von zehn bis elf Jahren gebracht, die durch Sexualkundeunterricht oder immer häufiger auch durch pornographische Video- oder Fernsehfilme geschädigt sind. Interessanterweise kommt es dabei sogar zu schweren Angstneurosen, nicht unähnlich den großen Hysterien Freuds, die damals auf dem Boden der übersteigerten Prüderie entstanden waren. In der Psychologie gilt eben grundsätzlich der Satz, dass die Extreme sich berühren.

An einem Beispiel soll das verdeutlicht werden: Kürzlich hatte ich einen Jungen zu betreuen, der schon viele Untersuchungen in neurologischen Kliniken hinter sich hatte, da er angesichts von Messern und Scheren in Ohnmacht fiel und sich schwer tat, sich allzu weit von der Mutter zu entfernen. Er fürchtete, sich mit einer Krankheit anzustecken und demnächst sterben zu müssen. Die psychologische Untersuchung ergab, dass hinter diesen Ängsten Bestrafungsängste standen. Die projektiven Tests zeigten: Der Junge hatte schwerste Schuldgefühle, auf die er mit Bestrafungsängsten reagierte, z. B. mit der Phantasie, ihm werde entweder sein Glied abgeschnitten, oder er werde mit dem Tod bestraft.

Nach einer längeren Behandlungsphase kam die Ursache der Ängste ans Licht: Der Junge hatte eine attraktive Lehrerin, die offenbar selbst sehr stark sexualisiert war. Sie kleidete sich nicht nur auffällig, sondern hatte den Kindern in der dritten und vierten Grundschulklasse auch immer wieder durch viele detaillierte Informationen mit Fotos und sexualisierenden Zeichnungen Sexualaufklärung vermittelt. Der Zehnjährige gestand mir, dass in ihm der Wunsch immer größer geworden sei, alles das, was ihm nun im Unterricht erzählt wurde, mit der Lehrerin zu versuchen. Er habe schließlich auch während des Unterrichts Gliedversteifungen bekommen und sich gleichzeitig dabei schlecht und verworfen gefühlt. Schließlich sei die Lehrerin ja verheiratet!

Das auf diese Weise zu früh geweckte Kind war der daraus entstehenden Problematik nicht gewachsen gewesen.

8. Sexuelle Aufklärung im Grundschulalter

Diese Ausführungen zeigen, dass liebevolle Eltern sich den Fragen ihrer Kinder um sexuelle Zusammenhänge auch in diesem Alter nicht verschließen dürfen. Es gehört zum erwachenden Interesse am Leben, dass Kinder mehr wissen wollen als Erklärungen über Schwangerschaft und Geburt.

So fragen sie etwa: »Aber wie kommen denn die Kinder in den Bauch hinein?« Es ist zu diesem Zeitpunkt verfrüht, mit genauen anatomischen Erklärungen zu antworten oder mit umständlichen Vergleichen aus dem Tierreich zu beginnen, die zumindest Großstadtkindern fremd sind. Kurze, kindgemäße Erklärungen über die Zeugungsvorgänge sind im Grundschulalter etwa mit folgenden Worten angebracht: »Alle Frauen haben in ihrem Bauch eine Tasche, die man Gebärmutter nennt. Und jede Frau hat links und rechts der Gebärmutter im Körper einen so genannten Eierstock mit vielen tausenden winzigen Eiern. Sie sind noch kleiner als Stecknadelköpfe. Aber wenn die Frau erwachsen ist, löst sich alle vier Wochen eins von diesen winzigen Eiern ab und wandert durch einen Kanal, den Eileiter, in die Gebärmutter. Dort wartet es darauf, dass es befruchtet wird. Denn das Ei kann nicht einfach allein anfangen zu wachsen. Es muss erst ein Same vom Mann dazukommen. Diese Samen hat jeder erwachsene Mann in dem Säckchen (Hoden) hinter seinem Glied.

Aber wie soll der Samen aus den Hoden nun zu dem Ei in der Gebärmutter der Frau kommen? Damit das geht, werden alle Jungen mit einem Glied geboren, und deshalb kann das auch steif werden. Wenn das Glied steif ist, kann der Mann damit in den Körpergang der Frau eindringen, der zur Gebärmutter führt. Dieser Gang heißt Vagina. Sie ist in der Spalte, die alle Frauen zwischen ihren Beinen haben. Die Frauen haben dort drei kleine Öffnungen: vorne eins, damit der Urin, der Abfall vom Trinken, aus dem Körper herauskann, hinten eins, damit der Kot, der Abfall vom Essen, aus dem Körper heraus kann (und den haben Buben und Mädchen, Männer und Frauen an der gleichen Stelle im Gesäß), aber dann haben die Mädchen darüber hinaus zwischen diesen beiden Öffnungen einen Spalt, eben die Vagina.

Wenn ein Mann und eine Frau sich ein Kind wünschen, schiebt der Mann sein steif gewordenes Glied in den Spalt, so dass der Same in die Vagina hineinfließen kann. Die Samen sind in einer durchsichtigen Flüssigkeit. Dennoch kann man sie nicht sehen, denn auch sie sind winzig klein. Millionen dringen in die Gebärmutter vor und gehen auf die Suche nach dem Ei. Aber nur ein Same befruchtet das Ei. Und dann fängt langsam, langsam das Kind an zu wachsen. Kopf, Arme, Beine, Fingerchen, Zehen und das Körperchen prägen sich aus, und das Herz beginnt zu schlagen. Wenn das Kind neun Monate lang gewachsen ist, wird es geboren. Dann kommt es mit dem Kopf zuerst aus der Vagina heraus.«

Wichtig ist es hinzuzufügen: »Kleine Jungen und kleine Mädchen können noch keine Kinder bekommen. Samen und Ei werden erst reif, wenn die Menschen größer sind. Wenn die Jungen eine dunkle Stimme bekommen und die Mädchen eine Brust entwickeln, dann werden sie geschlechtsreif, so nennt man das. Aber wenn es dann auch zwar schon möglich wäre, dass sie Väter und Mütter würden, so wäre das doch nicht gut.

Sie sollten erst ganz erwachsen sein. Der Junge sollte ein Mann sein, der einen Beruf hat und Geld verdient, damit er sein Kind auch versorgen kann, und das Mädchen sollte eine Frau sein, die so kräftig ist, dass sie das Kind in ihrem Körper, das allmählich schwerer und schwerer wird, auch austragen kann. Wenn ein Kind geboren wird, wiegt es bereits drei bis vier Kilo.«

Haben Kinder im Grundschulalter auf dem Boden ihres eigenen Interesses erst einmal Fragen nach der Zeugung gestellt, dann pflegen sich an solche Erklärungen meist viele weitere anzuschließen. Eltern sollten wissen, dass es von größter Wichtigkeit ist, solche Fragen nicht abzuwehren, zu überhören und auf die lange Bank zu schieben oder, was noch schlimmer ist, den Frager lächerlich zu machen. Manche Kinder möchten dann zum Beispiel wissen, wie Zwillinge entstehen. In einem solchen Rahmen ist es nötig, dass die Eltern selbst eine klare Information darüber haben, dass es eineiige und zweieiige Zwillinge gibt: Eineiige Zwillinge entstehen dadurch, dass sich nach der Befruchtung eines Eies durch einen Samen die Eizelle teilt und sich aus beiden Teilen ein Baby entwickelt, während sich bei zweieiigen Zwillingen ausnahmsweise zwei Eier in der Gebärmutter befanden und von zwei Samen befruchtet wurden.

Oft erleben Eltern mit Grundschulkindern, dass sie bei solchen Gesprächen mit Ereignissen vertraut gemacht werden, die den Kindern bisher unverständlich geblieben waren. Manche berichten plötzlich von der Begegnung mit einem Exhibitionisten oder einem Mann, der sie zum Mitgehen aufforderte. Abgesehen davon, dass Eltern ihre Kinder schon vom Kleinkindalter an unbedingt davor warnen müssen, mit irgendjemandem mitzugehen, da es gelegentlich auch böse Menschen gäbe, was man aber so nicht erkennen könne, ist es im Zusammenhang mit der Aufklärung wichtig zu berichten, dass es Menschen mit einem kranken Geschlechtstrieb gibt. Da heute die Sexualstörungen so enorm angestiegen sind, brauchen die Kinder bereits im Grundschulalter eine Information darüber, dass manche Männer sie auffordern, ihr Glied zu streicheln, an ihrem Glied zu lecken, oder sie bitten, sich auszuziehen, damit der Erwachsene ihre Geschlechtsteile streicheln kann. Kinder müssen also wissen, dass solche Menschen eine schwere seelische Krankheit haben, so dass sie auch unversehens böse werden können. Als oberstes Gebot gilt, dass Kinder deshalb keiner noch so liebenswürdigen Einladung eines fremden Mannes oder auch einer fremden Frau zu irgendetwas Wunderbarem – vom Eis bis zur Besichtigung seltener Tiere – nachgeben dürfen. Ja, heute sollte dieses traurige Misstrauen im Aufklärungsgespräch sogar auf Nachbarn, Bekannte und Verwandte ausgedehnt werden, etwa dergestalt: »Keiner – außer Mama – darf dich auffordern: Zieh dich aus! Komm mit mir an einen geheimen Ort! Das musst du wissen. Das ist nicht in Ordnung. Dann musst du heimgehen und das erzählen.«

Viele Kinder fragen im Anschluss an ein Aufklärungsgespräch auch nach Ausdrücken aus der Gossensprache, die ihnen in der Schule begegnet sind, die sie aber nicht richtig verstanden haben. Diese müssen erklärt werden. Gleichzeitig ist es wichtig darzulegen, dass es sich beim Zeugungsvorgang um etwas Schönes und Gottgewolltes handelt, das freilich unverständige Menschen gerne in den Schmutz zu ziehen versuchen.

Christliche Eltern sollten nicht versäumen, ihren Kindern in diesem Zusammenhang zu verdeutlichen, dass Gott in die Herzen eines Mannes und einer Frau ein tiefes Gefühl von Liebe füreinander eingeben kann, so dass sie immer zusammenbleiben, sich miteinander verheiraten und Kinder haben möchten. Dieser Wunsch entspringt einer großen Aufgabe, die Gott in die Menschen hineingelegt hat: ihre Liebe füreinander an ihre Kinder weiterzugeben, damit die Liebe in der Welt immer größer wird. Deshalb dürfe man mit all diesen Dingen nicht spielen, sich nicht in Entwürdigendes, Schmutziges hineinziehen lassen. Die Erfüllung dieser Aufgabe gehöre ins Erwachsenenalter. Das sei wie beim Reifwerden der Früchte: Es hat keinen Zweck, grüne Kirschen und noch unreife weiße Erdbeeren zu essen. Sie schmecken nicht, verursachen Magenschmerzen. Aber wenn sie richtig reif sind, dann schmecken sie sehr gut.

Zum Abschluss dieses Kapitels soll noch einmal betont werden, dass es für Kinder besser wäre, wenn die Latenzphase wirklich Latenzphase bleiben dürfte. Da aber unsere Kinder leider genötigt sind, in einer sexualisierten Gesellschaft aufzuwachsen, wird das Interesse der meisten bereits in der Latenzphase geweckt. Obgleich es besser wäre, wenn im Grundschulalter die Sexualerziehung allein in der Hand der Eltern läge, wird sich der obligatorische Sexualkundeunterricht in der Grundschule aus den eben dargestellten Gründen kaum wieder abschaffen lassen.

Es ist aber von größter Wichtigkeit und auch legitim, dass sich Eltern auf Elternversammlungen von der Lehrerin oder dem Lehrer vorher das Material, das der Pädagoge zu verwenden beabsichtigt, vorlegen lassen und Einspruch erheben, falls es pornographische Züge aufweist. Aber selbst dann, wenn das Material altersentsprechend ist und keinen erotisierenden oder sexualisierenden Akzent trägt, sollten Eltern sich sehr hellhörig für das interessieren, was die Kinder vom Sexualkundeunterricht mitbringen, um auch die Fragen zu beantworten, die viele erst zu Hause stellen.

Unumgänglich ist es, das in dieser Phase eigentlich geringe Interesse an sexuellen Gegebenheiten zu respektieren und sich den Kindern nicht mit Informationen in immer neuen Schilderungen aufzudrängen. Nur allzu oft erlebe ich in der kinderpsychotherapeutischen Praxis, dass diese zu mir sagen: »Ach, diese blöden Sachen mit dem Sex – hängt mir alles schon lange zum Hals heraus!«

Auf keinen Fall kann es Sinn einer gesunden Sexualerziehung im Grundschulalter sein, dass das Gebiet mit Abscheu und widerwilligen Gefühlen belegt wird. Das könnte einen prägenden Einfluss haben und das Erwachsenenleben negativ färben.

Aus allen Erfahrungen der letzten beiden Jahrzehnte dürfte das Fazit gezogen werden: Behutsamkeit ist vordringlich am Platz!

9. Verständnis für die Vorpubertät

In der fünften Klasse einer Realschule wird eine Elternversammlung mit der Mitteilung der Lehrerin konfrontiert, dass in der Schule die Duschräume erweitert worden seien, so dass es nun möglich sei, dass die Kinder nach dem Sportunterricht duschen. Da auch diese Schule wie üblich koedukativ ist, wird von der Lehrerin vorausgesetzt, dass Jungen und Mädchen zur gleichen Zeit die Duschen benutzen. Sie betont noch einmal ausdrücklich: »Selbstverständlich setze ich voraus, dass alle Kinder die Reinigung unbekleidet vornehmen.«

Die Mehrzahl der Eltern nickt fortschrittlich ergeben. Nur ein Vater erhebt seine Stimme und gibt zu bedenken, dass dies doch ein sehr autoritärer Beschluss von Erwachsenen sei. Das entspräche aber nicht einer echten Selbstbestimmung der Kinder. Deswegen möchte er den Vorschlag machen, dass er als Elternvertreter mit der Klasse eine geheime Abstimmung vornähme. Wer mit der neuen Regelung einverstanden sei, möge zwei Kreuze, wer nicht einverstanden sei, ein Kreuz auf dem Stimmzettel machen.

Damit ist die Elternversammlung einverstanden. Wenige Tage später findet die Abstimmung unter den Schülern statt. Aber obgleich ihnen die neue Einrichtung als eine wunderbare Errungenschaft und das gemeinsame Nacktduschen als eine Selbstverständlichkeit von der Lehrerin verdeutlicht worden sind, stimmen von 28 Schülern – 16 Jungen und 12 Mädchen – lediglich zwei Kinder für das gemeinsame Duschen nach dem Sportunterricht. Die Schulleitung konnte nicht umhin, wenn auch widerwillig, sich diesem Mehrheitsbeschluss zu beugen.

Eindrucksvoll wird an diesem Beispiel deutlich, dass das, was alle Nudisten propagieren und als Fortschritt zur Natürlichkeit anpreisen, bei Kindern, die sich in der Entwicklung zur Geschlechtsreife befinden, durchaus nicht den gleichen Stellenwert hat.

Die geschlechtliche Reife hat in den vergangenen vierzig Jahren in unserem Kulturkreis eine Verfrühung erfahren. Sie setzt heute bei den Mädchen durchschnittlich im Alter von 12, bei den Jungen von 13 – 14 Jahren ein. Die Vorpubertät beginnt deshalb häufig schon bei den Viertklässlern. Sichtbar wird sie vor allen Dingen an spezifischen körperlichen Veränderungen: bei den Mädchen wachsen die Schamhaare und es bildet sich mehr oder weniger ein Brustansatz. Auch bei den Jungen bildet sich die Schambehaarung, und das Glied vergrößert sich. Die Veränderung des Körpers in seinen Intimzonen wird keineswegs von allen Kindern mit Selbstverständlichkeit zur Kenntnis genommen. Manchen ist sie unheimlich. Je mehr Möglichkeiten sich zum Vergleich bieten - bei Geschwistern, Kameraden, bei nacktfreudigen Erwachsenen -, desto häufiger sind die Kinder beunruhigt und stellen sich zweifelnde Fragen. Einige fürchten, dass sie viel zu stark behaart seien. Diejenigen, die im Vergleich zu anderen eher frühreif erscheinen, kommen gelegentlich mit der Befürchtung, dass sich bei ihnen eine Abartigkeit entwickle. Manche Erwachsene berichten mir, dass sie und ihre Kumpel in diesem Alter mit dem Zentimetermaß die Länge des Penis verglichen hätten und dem schwächsten unter den »starken Jungmännern« das Etikett des Schwächlings aufgenötigt worden wäre.

Alle diese Erfahrungen lassen den Schluss zu, dass es unangemessen ist, Gruppen zu nötigen, vor dem Schwimmunterricht oder nach den Sportstunden gemeinsam nackt zu duschen. Selbst bei gleichgeschlechtlichen Gruppen ist das nicht unbedingt angebracht, weil die Kinder sich unterschiedlich entwickeln. Das Miteinander-Vergleichen könnte beunruhigen und die Abwertung ihrer selbst oder der Mitschüler sich negativ auf ihre seelische Entwicklung auswirken. Echter Fortschritt richtet sich daher nicht nach einem liberalistischen Klischee, das mit einer uneinfühlsamen Gleichheitsideologie durchmischt ist, sondern nach den Empfindungen und Bedürfnissen der Kinder dieser Altersstufe. Ohnehin ist die Pubertät eine Phase, in der sie in zunehmendem Maß zur Bewusstheit und damit zum Hinterfragen ihres eigenen Wertes neigen, so dass alles vermieden werden sollte, was Abwertungen provoziert.

Um den Kindern in diesem Alter das Unheimliche des körperlichen Entwicklungsvorgangs zu mindern und ihnen zu helfen, dass sich gar nicht erst unangemessene Befürchtungen einnisten, ist es deshalb von großem Wert – am besten mit Hilfe des Biologieunterrichts –, auf die Wachstumsphase Vorpubertät hinzuweisen und zu verdeutlichen, wie variabel »Normalität« hier ist. Auch Eltern sollten den Hauptakzent ihrer aufklärenden Gespräche mit Nachdruck in dieses Feld verlagern. Es ist wichtig, den Kindern jetzt mitzuteilen, dass es unter den sechs Milliarden Menschen auf unserer Erde kein einziges Individuum gibt, das dem anderen gleicht. Ein Kind, dessen körperliche Veränderung im Alter von sieben Jahren einsetzt, ist ebenso normal wie eins, das erst im Alter von

14 Jahren in die Vorpubertät eintritt. Es muss den Kindern begreiflich gemacht werden, dass weder die Größe oder Kleinheit von Brust oder Penis noch die Menge oder Spärlichkeit der Behaarung Ausdruck von Wert oder Unwert der Person sind oder Rückschlüsse auf eine mehr oder weniger qualifizierte Liebesfähigkeit zulässt.

Unumgänglich ist es für die Erzieher, in der Phase der Vorpubertät auch auf die physischen Vorgänge in der Geschlechtsreife vorzubereiten. Es ist ratsam, jetzt Skizzen über die Geschlechtsorgane zu Hilfe zu nehmen. Freilich: Zeichnungen und Fotografien, die die äußeren Genitalien oder die nackte Menschengestalt sehr naturgetreu wiedergeben, sind als Anschauungsmaterial bei der geschlechtlichen Erziehung nicht zu empfehlen; denn der Geschlechtstrieb gehört nun einmal zum Instinktverhalten des Menschen. Der Anblick von Geschlechtsorganen im Zuge von Aufklärungsgesprächen in der Vorpubertät kann viel leichter noch als im Grundschulalter geschlechtliche Erregung hervorrufen, da solche Details auslösende Wirkung haben. Es ist aber nicht der Sinn der geschlechtlichen Erziehung in der Vorpubertät, Kinder sexuell zu stimulieren. Er liegt vielmehr darin, dass sie den Eintritt der Geschlechtsreife als natürlichen Vorgang kennen lernen und dadurch vermieden wird, dass sie beunruhigt und gespannt in eine Unsicherheit darüber geraten, ob bei ihnen alles in Ordnung ist. Gleichzeitig sollen sie davor bewahrt werden, ihr Interesse jetzt an geschlechtliche Vorgänge zu fixieren.

Aufklärungsunterricht in der Schule über die Geschlechtsreife lässt sich effektiver in reinen Mädchen- und Jungengruppen durchführen. Zwar sollten beide Geschlechter über die geschlechtlichen Vorgänge bei Jungen und Mädchen informiert werden, aber da die Intimzonen ganz gewiss bei »natürlichen« Kindern in diesem Alter mit einem Schamgefühl belegt sind, kommt es bei homogenen Gruppen eher zu dialogischen Gesprächen mit dem Aufklärer und seltener zu unernsten Entgleisungen unter den Schülern. Wer sich schämt, neigt zum Lächerlich-Machen.

Bei nach Geschlechtern getrennten Gruppen lässt sich auch das Spezifische besser in den Mittelpunkt des Unterrichts stellen: bei den Mädchen die Erklärung über den Vorgang und die Funktion der Menstruation, bei den Jungen über den zu erwartenden unwillkürlichen Samenerguss im Schlaf, über den Stimmbruch, die Vermehrung der Erektionen und den Anreiz zur Selbstbefriedigung. Auch über die neue Notwendigkeit einer speziellen Körperpflege lässt sich vorteilhafter in getrennten Gruppen sprechen. Junge Mädchen sollten wissen, dass nach Ansicht von manchen Frauenärzten die Vorlage (Monatsbinde) während der Menstruation sich mehr bewährt hat als das Einführen von Tampons in die Vagina. Die Öffnung der Vagina ist nämlich mit einem kleinen Hautverschluss, dem Jungfernhäutchen (Hymen), bedeckt. Dieser »Verschluss« hat eine sinnvolle Funktion: Er schützt die für die Mutterschaft so wichtigen Organe vor Infektionen und ist damit eine zweckmäßige Einrichtung, um zu gewährleisten, dass später einmal gesunder Nachwuchs in die Welt gesetzt werden kann. Selbst die Mini-Tampons können aber diesen Verschluss allmählich zerstören, so dass – wie manche Frauenärzte berichten – seitdem viel häufiger Scheidenentzündungen bei jungen Mädchen vorkommen. Sie sind zwar durch eine wirkungsvolle Salbentherapie zu beseitigen; aber über die lästigen Beschwerden solcher Infektionen hinaus verursachen sie ein Risiko, das sich bei Information über den Sinn einer intakten Jungfräulichkeit und über entsprechende hygienische Maßnahmen ausschalten lässt.

Auch Jungen brauchen in der Vorpubertät eine spezielle Aufklärung. Sie müssen wissen, dass das Glied von der Geschlechtsreife an zu mehr Ausscheidungen neigt, so dass es auch unter der Vorhaut gelegentlich gesäubert werden muss, um zu vermeiden, dass dort Entzündungen entstehen. Ferner ist es ein normaler Vorgang, wenn das Glied sich häufiger versteift, nicht nur schon am Morgen unter dem Anreiz der gefüllten Blase, sondern auch bei sexuell erregenden Bildern, Filmen und Phantasien. Die dabei entstehende starke genitale Spannung lässt gewissermaßen automatisch einen Drang nach Selbstbefriedigung entstehen. Es ist dem Jugendlichen aber zu verdeutlichen, dass es besser ist, »die Finger davon zu lassen«, weil gerade in unserer Zeit Jugendliche in erheblicher Zahl in eine süchtige Fesselung an den Geschlechtstrieb und in eine Zwangsonanie geraten. Zwar befriedigen sich heute 90 Prozent aller Jugendlichen selbst, doch hat sich gezeigt, dass sich bei aller gesellschaftlicher Toleranz in diesem Bereich Schuldgefühle nicht verdrängen lassen, wenn die jungen Männer in eine maßlose Übersteigerung der Selbstbefriedigungspraxis hineingeraten.

Es ist darum sinnvoll, an dieser Stelle darauf hinzuweisen, dass der Geschlechtstrieb des Mannes eine geradezu überwältigende Naturmacht zu werden vermag. Es ist also nötig zu lernen, mit der eigenen Natur umzugehen. Die Vorstellung, sie erst aufzureizen und sie dann willentlich wieder stoppen und beherrschen zu können, ist eine Anmaßung. Sexuelle Triebenergie lässt sich hingegen umwandeln; man kann sie nutzen für Leistungen geistiger Art. Man sollte sich etwas darauf einbilden, wenn man es schafft, den Antrieb zu kompensieren und zu sublimieren.

Den Jugendlichen sollte andererseits klargemacht werden, dass Selbstbefriedigung gewiss nicht zu irgendeiner körperlichen Schädigung führt, wie alte Ammenmärchen das gelegentlich weismachen wollen. Weder wird die spätere Zeugungsfähigkeit durch Selbstbefriedigung gemindert, noch fließt mit der Samenflüssigkeit Gehirnflüssigkeit aus, oder was für Unsinn mehr hier immer noch gelegentlich erzählt wird. Besonders mit dem Hinweis auf das Überschussprinzip der Natur kann solche desinformierende Dummheit ausgeräumt werden. Dennoch ist der Missbrauch mit jedem der großen Lebenstriebe, gleich mit welchem, geeignet, das körperliche und seelische Gleichgewicht zu stören.

Es darf deshalb auch nicht übersehen werden, dass in den modischen Aufklärungsheften der Selbstbefriedigung im Jugendalter allzu leichtfertig eine Generallizenz eingeräumt wird. Damit wird aber verkannt, dass die Abspaltung der Lebenstriebe aus ihrem Zusammenhang eine Verabsolutierung bedeutet, bei der der Mensch sich auf einen Machtkampf mit den Naturkräften einlässt. Dabei pflegt er erfahrungsgemäß den Kürzeren zu ziehen. Der Mensch gewinnt auf diese Weise nicht mehr Freiheit, sondern er wird unversehens zu einem Gefangenen seiner Triebe. Er kann schließlich ebenso zwanghaft an die Selbstbefriedigung ausgeliefert werden wie an die Fress- oder die Nikotinsucht. Fast übermenschlicher Wille ist nötig, seine Freiheit wiederzugewinnen, wenn sich die Selbstbefriedigung erst zu einer Gewohnheit entwickelt hat.

Nicht von ungefähr sind deshalb besonders christliche Erzieher bestrebt zu verhindern, dass die ihnen anvertrauten Jugendlichen in eine Fesselung an den Geschlechtstrieb geraten. Grundsätzlich beinhaltet das Christentum schließlich die Bemühung um ein Beherrschen der Natur in uns selbst. »Macht euch die Erde untertan«, ist laut dem 1. Buch Mose eine der ersten Anweisungen Gottes an die Menschen. Nicht die Natur, weder der Nahrungstrieb noch der Selbstbehauptungstrieb, noch der Besitztrieb, erst recht nicht der Geschlechtstrieb, sollen im Menschen die Vorherrschaft behalten, sondern Gott und sein Höchstwert: die Liebe von der Art, wie Christus sie den Menschen vorgelebt hat.

Das Christentum meint also keineswegs eine rigorose Verdrängung und Ausschaltung der das Leben aufbauenden und weiterführenden Naturkräfte. Die biblische Anweisung, die Natur zu beherrschen heißt auch, eine maßlose Wucherung der Antriebe im Menschen willentlich zu verhindern, um dem Menschen seine geistige Freiheit zu erhalten. Das schließt Warnungen vor der Selbstbefriedigung im Jugendalter ein. Christus weist deshalb mit vielen Gleichnissen auf die Gefahr der Maßlosigkeit bei den natürlichen Antrieben hin. Allerdings gilt: Geistliche Verstöße bilden für das Seelenheil eine viel größere Gefahr als ein noch nicht ganz gelingender Kampf mit der Selbstbefriedigung im Jugendalter.

Wer in eine zwanghafte Selbstbefriedigungssucht gerät, die die Gedanken täglich fesselt und den Jungen oder das Mädchen stundenlang beschäftigt, sollte sich aber unbedingt in eine jugendpsychotherapeutische Behandlung begeben. Solch ein Zwang ist in den seltensten Fällen das Zeichen einer abnormen Stärke des Geschlechtstriebes. Vielmehr liegt entweder eingewöhnter Missbrauch oder eine Ersatzbefriedigung vor und der oder die so Bedrängten brauchen Hilfe gegen Misserfolge, Frustrationen, Ängste, Behinderungen und Hemmungen, gegen die sich die Selbstbefriedigung als Ersatzbefriedigung eingebahnt hat.

10. Begleitung in der Pubertät

Beim Sexualverhalten im Jugendalter ist in den vergangenen beiden Jahrzehnten ein völliger Wandel eingetreten. Zwar sind auch schon in den sechziger Jahren voreheliche Intimbeziehungen im jungen Erwachsenenalter immer üblicher geworden, eine Ausdehnung auf die Vierzehn- bis Sechzehnjährigen aber ging erst in jüngster Zeit vor sich. Unter dem ständigen Einfluss der Medien, besonders der fortlaufenden Serien mit einschlägigen Themen in Jugendzeitschriften, durch ideologisierten Sexualkundeunterricht und erleichtert durch koedukative Schulen und Mitläufertum mancher Eltern, haben die Jugendlichen kaum, dass sie sich ein wenig handfester verlieben, nun auch die Vorstellung, miteinander schlafen zu müssen. Da ist die sich unter ärztlichem Fortschritt immer mehr verbessernde Antibabypille, da ist die aufgeblühte Kondomindustrie, die durch praktische Anleitungen zum Gebrauch jugendgerecht aufbereitet wird. Geziemt es sich da nicht für fortschrittliche Eltern, sich so rasch wie möglich auf die Seite der Befürworter der Frühsexualität zu schlagen und – wie der Sexualpädagoge Helmut Kentler es doch bereits 1970 vorschlug – die Zimmer der Söhne und Töchter nun mit einer Doppelcouch auszustatten, damit sie dort ungestört ihr Geschlechtsleben führen können?

Aber glücklicherweise sind wir nicht mehr im Jahre 1970, sondern befinden uns – um viele Erfahrungen auf diesem Sektor bereichert – Jahrzehnte später. So können und müssen verantwortungsbewusste Eltern heute mit ihren Jugendlichen rechtzeitig und vorsorglich Gespräche führen, in denen ihnen auch die negative Bilanz der

Sexwelle im Hinblick auf die Gefährdung der körperlichen und seelischen Gesundheit durch zu früh begonnenen Geschlechtsverkehr deutlich gemacht wird. Es darf z. B. nicht verschwiegen werden, dass der Gebärmutterhalskrebs, der früher ein typisches Leiden älterer Frauen war, heute immer mehr junge Frauen befällt. Viren, die durch sexuelle Kontakte übertragen werden, sind nach Forschungsergebnissen der Universität Montreal die Ursache. Für diese Papillom-Viren sind darüber hinaus Mädchen unter 18 Jahren besonders anfällig, weil in diesem Alter die Zellen des Gebärmutterhalses noch unausgereift und empfindlicher gegen Infektionen sind. Studien haben gezeigt, dass zunehmend mehr Jugendliche nur wenige Jahre nach ihrem ersten Sexualkontakt infiziert sind oder bereits Krebsvorstufen entwickelt haben.

Auch wird immer wieder die Erfahrung unterdrückt, dass in allen Ländern, in denen die Pille für die jungen Mädchen erreichbar ist, die Abtreibungszahlen keineswegs gesunken sind, sondern weiter gerade in dieser Altersgruppe emporschnellen. Das liegt daran, dass die Erlaubnis zur sexuellen Betätigung viel häufiger zu Intimbeziehungen zwischen Jugendlichen führt, aber gleichzeitig im Überschwang der Verliebtheit und der sexuellen Erregung Verhütungsmittel oft nicht angewendet werden.

In Aufklärungsgesprächen mit jungen Menschen muss deutlich gemacht werden, dass Abtreibung kein zulässiges Verhütungsmittel sein kann. Der Mensch ist nämlich von seiner Zeugung an bereits ein Mensch, nicht einfach ein Zufallsprodukt aus einem Momentrausch, sondern ein unwiederholbarer Plan Gottes. Es ist an dieser Stelle sinnvoll, eindringliche Bilder über das Aussehen des Embryos in den ersten Schwangerschaftsmonaten zu vermitteln. Die Tötung eines solchen Menschen ist Mord. Bewusste Tötung belastet das Gewissen eines Menschen lebenslänglich.

Viele junge Frauen – so zeigt die Praxis – werden diesen dunklen Schatten in ihrer Seele nie wieder los. Besonders sensible Frauen geraten in eine Depression in dem Augenblick, in dem ihr getötetes Kind hätte geboren werden sollen. Andere entwickeln Verfolgungsangst oder auch eine psychische Fixierung an den Abtreibungsvorgang. Es gibt darüber hinaus viele, durch die Medizin nicht immer vermeidbare Spätfolgen der Abtreibung, z. B. Sterilität, Eileiter- und Gebärmutterentzündungen. Es darf auch nicht verschwiegen werden, dass – selbst wenn der Vorgang von ausgebildeten Ärzten vollzogen wird – Abtreibung immer auch einmal lebensgefährlich werden kann.

Das »Einüben in Sexualität« – gewissermaßen gedacht als brauchbare Ehevorbereitung – hat diese Erwartungen nicht erfüllt. Im Gegenteil: Häufig wechselnder vorehelicher Verkehr hat dazu beigetragen, dass die Rate der Eheschließungen sich in den vergangenen 25 Jahren um fast die Hälfte reduziert hat. Das bedeutet: Viele sexuelle Vorerfahrungen machen eher ehescheu als ehefreudig. Nach meiner Erfahrung in der psychotherapeutischen Praxis mit Jugendlichen hängt das weitgehend damit zusammen, dass besonders der Trennungsschmerz nach der ersten zerbrechenden großen Liebe, die auch sexuell ausgelebt wurde, häufig zu einem unüberwindbaren Trauma führt.

Ein Beispiel soll das noch ein wenig erhellen: »Eigentlich hätte ich nichts dagegen, dem drängenden Wunsch meines jetzigen Freundes nachzugeben und ihn zu heiraten«, sagte ein 23-jähriges Mädchen zu mir in der Praxis. »Aber ich habe leider absolut keinen Spaß mehr an Sexualität. Ich schlafe mit meinem Freund, wenn wir uns gegenseitig an den Wochenenden besuchen. Aber ich bin froh, wenn es vorbei ist und wir zu Interessanterem übergehen. Ich habe schon früh mit sexuellen Beziehungen angefangen«, fährt das Mädchen fort. »Meine Eltern beschenkten mich im Alter von sechzehn Jahren mit einer kleinen Wohnung. Zunächst hatte ich auch eine sehr tiefe Liebesbeziehung, die mehr als ein Jahr gedauert hat. Aber dann ging mein Freund mit meiner besten Freundin davon. Das hat mich so tief enttäuscht, dass ich mir danach jede Menge Männer ins Bett geholt habe – einfach nur, um über den Schmerz wegzukommen. Nur jetzt«, und dabei bricht das Mädchen in Tränen aus, »steht mir das alles bis hier!«

Wie viele ähnliche Berichte zeigen, machen diese Mädchen also eine sehr grundsätzliche Erfahrung: Wer die Sexualität von der persönlichen Tiefe des Liebeserlebnisses abspaltet, bei dem macht sich bald ein Gefühl der Übersättigung breit. Das heißt: Als Schutz gegen die Fesselung an den Trieb setzt eine Blockade, ein Widerwille ein, der schließlich sogar unüberwindlich werden kann.

Interessanterweise hat diese Form der psychischen Reaktion von Frauen im Sexzeitalter schließlich auch zu einer Zunahme weiblicher Homosexualität geführt, eine Entwicklung, die der Psychopathologe Magnus Hirschfeld bereits 1938 beschrieb: »Die Neigung zu weiblicher Homosexualität entsteht durch die Übersättigung im normalen Verkehr. Ekel vor dem Mann führt in diesen Fällen dazu, dass, wo sexuelle Lustgefühle blockiert werden, erotische Gefühle nur noch in Verbindung mit

Personen des eigenen Geschlechts erlebt werden können.«

Diese von Hirschfeld als weibliche Pseudo-Homosexualität bezeichnete Form ist heute in der jungen Frauengeneration weit verbreitet. Ganz anders, als die Verfechter und Vorreiter der Sexwelle es prophezeiten, hat also die Enttabuisierung der Sexualität in vielen Fällen auf die Seele der Mädchen dahingehend gewirkt, dass schließlich der Kontakt zum anderen Geschlecht ähnlich angstvoll gemieden, gefürchtet und verdrängt wird wie früher auf dem Boden einer übersteigerten Prüderie und Leibfeindlichkeit. Anders ausgedrückt: Eine zu frühe Sofortbefriedigung ist weniger eine Vorbereitung auf das Glück im Erwachsenenalter, sondern ruft eher eine neue Mannfeindlichkeit auf den Plan.

Vor Desinformation müssen unsere Kinder im Jugendalter leider auch im Hinblick auf die tödliche Geschlechtskrankheit Aids geschützt werden. Gegen diese Krankheit gibt es keine andere Sicherheit als die beiderseitige Enthaltsamkeit vor der Ehe und die absolute Ausschließlichkeit der Intimbeziehungen in der Ehe. Das Kondom zur Verhinderung einer Ansteckung mit Aids ist noch weniger sicher als zur Verhinderung einer Schwangerschaft. Darüber hinaus kann nicht jeder Aids-Test mit absoluter Sicherheit eine HIV-Infektion ausschließen. Bei manchen Infizierten bricht die Krankheit zum Tode erst nach einem Zeitraum von zwölf Jahren aus. Manche wissen gar nichts von ihrer Infektion oder werden leichtfertig, wenn die Symptome der Erkrankung über Jahre ausbleiben.

Die Gefahr, sich durch einen zu frühen und häufig wechselnden sexuellen Umgang vom Jugendalter an im

Erwachsenenalter Unglück, Lebensbehinderung, ja, unter Umständen nach einem entsetzlichen Siechtum den verfrühten Tod einzuhandeln, hat sich mit dem Auftreten der Aids-Erkrankung so erhöht, dass Jugendliche über diesen Sachverhalt umfassend und unverschleiert informiert werden müssen.

Warnungen der hier beschriebenen Art sollten jedoch nicht der alleinige Tenor der Aufklärungsgespräche sein. Es ist gewiss notwendig und wichtig für Jugendliche, besonders durch das Verhalten ihrer Eltern zu erfahren, dass diese Verständnis für ihr Bedürfnis nach einem festen Freund oder einer Freundin, für ihre Verliebtheit, für ihre Wünsche nach intimer Nähe mit ihrem Freund, ihrer Freundin zeigen. Sie sollten die Freunde und Freundinnen auch mit an ihren Tisch, mit in den Familienkreis, vielleicht auch mit in die Ferien nehmen. Aber es sollte den jugendlichen Kindern von den Eltern auch vermittelt werden, dass eine tiefe Liebe umso dauerhafter, umso glühender werden kann, je weniger man höchste Freude durch eine rasche Sofortbefriedigung vereitelt.

Distanzierter Takt einerseits und alarmiertes Wachsein andererseits sind die beiden mühselig zu vereinenden Verhaltensformen, die den Eltern von Jugendlichen im Hinblick auf dieses Problem nicht erspart werden können. Denn immer stehen sie mit ihren Bemühungen, ihre Kinder vor verfrühten Intimbeziehungen bewahren zu wollen, im Gegensatz zum Zeittrend. Immer wieder lässt sich die Erfahrung machen, dass Jugendliche unter den Druck ihrer Gruppe oder Klassengemeinschaft geraten, wo häufig lautstarke Anführer den Zeitgeist nachplappern und aufgrund ihrer Ausstrahlung eine Mehrheit längst auf ihrer Seite haben. Durch solche Argumente sollten sich die Eltern aber nicht verunsichern lassen und den Kindern erwidern, dass das, was die Mehrheit denkt und tut, nicht automatisch gut und richtig ist.

Auch dürfen sich Eltern nicht der Illusion hingeben, dass ihre Kinder von der Pubertät an nun allein wissen, was ihnen gut und was ihnen nicht gut tut. Sie sollten auch nicht beschönigend meinen, dass die Mühewaltung, die sie in der ersten Lebenszeit ihren Kindern geschenkt haben, diese für alle Zeiten immun mache gegen die Einflüsse negativer Zeittrends. Denn das Jugendalter ist nun einmal Ablösungszeit von den Eltern und macht besonders anfällig für das, was Eltern gerade nicht für gut halten, für das, was eine moderne und fortschrittliche Gruppe als Neues und Besseres vorgaukelt.

Deshalb ist es heute besonders unerlässlich geworden, dass die Eltern sich während der Grundschul- und der Vorpubertätszeit ihrer Kinder viel Zeit für ein gutes Zusammensein und vertrauensvolle Gespräche nehmen. Deshalb sollten Eltern sich mit Nachdruck darum bemühen, die Tischgemeinschaft in der Familie zu erhalten. So werden die Jugendlichen mit dem Beginn der Geschlechtsreife die Verbindung zu den Eltern unter der Beeinflussung des Zeitgeistes wahrscheinlich nicht so leicht und kurzsichtig – sich selbst überschätzend – abrupt lösen. Freilich darf der Tenor der Elternbegleitung auch nicht auf einer gluckenhaften Überbehütung liegen. Auch das treibt aus dem Haus!

Mehr als zu jeder anderen Zeit ist also für die Jugend heute eine sehr gekonnte, bemühte, hellhörige Begleitung unumgänglich geworden. Der Fernsehapparat sollte nicht im Mittelpunkt der Familie stehen. Einschlägige Jugendzeitschriften sowie Gewalt- und Pornovideos sollten grundsätzlich nicht geduldet werden. Computer sind zwar unvermeidlich geworden, aber ein eigener Internetzugang sollte den Jugendlichen erst dann zur Verfügung gestellt werden, wenn ein verantwortlicher Umgang mit dem Internet vermittelt wurde.

Von früh auf muss das Bemühen um ein die Begabung voll in Anspruch nehmendes Hobby des Kindes stehen, damit es nicht mit der Geschlechtsreife in den Sog der Diskos gerät, wo über den Lärmrausch Befriedigung gesucht wird, die man in einem übersättigten, eintönigen, passiv-konsumierenden Wohlstandsleben nicht mehr findet. Dieser Lebensstil bildet häufig den Einstieg zum Konsum von Rauschgift, zur Dämonisierung durch darauf direkt angelegte Musik und damit auch zum Anfälligwerden für sexuelle Enthemmung.

Glücklicherweise zeigt sich, dass die in der Mitte der siebziger Jahre geborene Jugendgeneration bereits eine größere Skepsis gegen die alles erlaubenden Sirenenklänge mitbringt. Es entsteht in dieser Generation wieder so etwas wie eine Bereitschaft zum Sanieren unseres Zeitgeistes. Manche Jugendliche wollen sich nicht mehr für dumm verkaufen lassen für etwas, was ihnen eher abgestanden als neu erscheint. Es gibt in meiner Praxis zunehmend junge Leute, die selbstbewusst darauf beharren, mit der intimen Beziehung warten zu wollen, bis der Mann (die Frau) ihres Lebens in Erscheinung getreten ist. Manche haben auch sehr cool und zielbewusst den Entschluss gefasst, erst die Schule und die Ausbildung abzuschließen und danach auf die Suche nach dem richtigen Lebenspartner zu gehen.

Auch die Erfahrungen mit einer zu frühen Bindung oder gar Familiengründung schlagen jetzt bei der Jugend schon zu Buche. Etliche bringen aus dem Begleiten des Schicksals älterer Schwestern und Verwandten ein solches Erlebnis mit, z. B. dass die junge Mutter, nachdem der Intimpartner bzw. der noch unreife Ehemann fortgezogen war, sich nicht um ihr Kind kümmern konnte und sie es an eine Institution weggeben musste, so dass es verhaltensauffällig wurde. Nicht wenige junge Menschen erspüren bereits sehr nüchtern die Zusammenhänge zwischen Unverwahrtheit und Friedlosigkeit des Charakters.

Eltern und Erzieher sollten den Jugendlichen verdeutlichen, dass durch Verführung zu wahlloser Intimbeziehung viel Negatives geschehen ist. Wesentlich häufiger als früher wurde die Würde der jungen Frau verletzt; viele ließen sich zu Triebobjekten herabwürdigen. Allzu oft wurde die Liebesfähigkeit von Mann und Frau durch einen von außen aufgenötigten Trend geschädigt. Mit den Grundgesetzen der Schöpfungsordnung einfach so herumzuspielen oder willkürlich zu jonglieren, fordert einen hohen Preis.

Jungen Mädchen sollte bewusst gemacht werden, dass sie durch ihr Anderssein (weil der Geschlechtstrieb sie nicht in gleicher Weise nötigt wie den jungen Mann) eine große kultivierende, die Liebe vertiefende Aufgabe haben. Seelisch gesunde, differenziert denkende Mädchen tun sich keinen Gefallen, wenn sie durch ihre rasche Bereitwilligkeit zum Intimverkehr eine triebhörige Männergeneration heranziehen. Denn ein solcher Mann wird immer weniger bereit sein zu einem lebenslangen Treuebund, in dem die Liebe einen vielschichtigen Lernprozess bis ins Alter hinein zu vollziehen vermag. Und auch das verstehen die jungen Mädchen heute schon wieder: dass sie trotz aller Emanzipation ein liebevoll beschützendes männliches Gegenüber benötigen. Ein Zweigespann, das sich zur Disziplin erzog, hat nun einmal die bessere Gewähr, in glücklicher Gemeinsamkeit die Dornen und Disteln des Lebens jenseits von Eden zu ertragen.

11. Adoleszenz als Probierphase?

Wenn Jugendliche sich im Alter zwischen 16 und 19 Jahren – die meisten noch in der Ausbildung oder auf der Schulbank – nach dem Neuland Leben umschauen, treffen sie auf einen allgemeinen Trend, der sie dazu lockt, die ihnen offerierten Spielarten der Liebe auszuprobieren. Diese Spielarten beschränken sich keineswegs allein auf die Selbstbefriedigung und die Intimbeziehung mit einem gegengeschlechtlichen Partner.

In den drei vergangenen Jahrzehnten hat man jungen Menschen die Devise aufgenötigt, spätestens in diesem Alter alles auszuprobieren, was sich ausprobieren lässt. Was ist das für eine unendlich leichtfertige Devise! Kein Jugendlicher käme auf die Idee, die Beschleunigung des Fallgesetzes auszuprobieren, indem er sich aus einem Wolkenkratzer hinausfallen lässt. Keiner würde die Wirkung des elektrischen Stroms erkunden wollen, indem er sich ihm aussetzt. Aber in Bezug auf Rauchen, Rauschgift oder die so genannten vielfältig-perversen Formen der Sexualität gibt es von der Boulevardpresse bis zum Sextelefon für Jugendliche die verführerischsten Ermunterungen.

Eine besonders verheerende Desinformation hat sich auf dem Feld der Homosexualität breitgemacht. Einheitlich verbreiten die Medien die Fehlvorstellung, dass Homosexualität grundsätzlich angeboren sei und infolgedessen ein Jugendlicher, der sich in einen gleichgeschlechtlichen Jugendlichen verliebe, von sich wissen könne, dass er eine homosexuelle Veranlagung habe. Das ist deshalb eine besonders infame Fehlinformation, weil ein hoher Prozentsatz von Jungen und Mädchen – bevor der Lebenspartner gefunden ist – im Jugendalter erotisch gefärbte Sympathien für gleichgeschlechtliche Personen empfindet. Entwicklungspsychologen sprechen geradezu von einer »homoerotischen Phase«.

Die Vielfalt der Gefühle ist im Jugendalter noch außerordentlich groß. Besonders häufig kommt es vor, dass ein schmaler, zarter, vielleicht zunächst noch etwas kleinwüchsiger Jugendlicher sich in einen männlich starken Klassen- oder Sportkameraden verliebt. Oft hat ihm ein väterliches Vorbild dieser Art gefehlt. Oder es herrschte während des Erziehungsvorganges in der Kindheit ein solches Übergewicht an Weiblichkeit, dass der Jugendliche eine wesentlich längere Phase braucht, um seine Männlichkeit weiblicher Überbehütung zu entziehen.

Ich habe einige Jahre lang einen jungen Mann begleitet, der fürchtete, homosexuell zu werden, da er von einer Witwenmutter erzogen wurde. Er war als einziger Sohn zwei Monate nach dem Unfalltod des Vaters geboren worden und hatte vier ältere Schwestern, die zwischen sieben und zwölf Jahre alt waren, als er zur Welt kam. Ohne meine Hilfe wäre dieser junge Mann, der heute ein gestandener Familienvater ist, in die Fehlvorstellung abgeglitten, homosexuell zu sein.

In meiner Praxis habe ich manchen jungen Mann erlebt, der seine Vorstellung, homosexuell zu sein, erst einmal unter der Desinformation des Trends ausprobiert hatte und dadurch seelisch ins Schleudern geraten war. Es ist also von Wichtigkeit, dass Heranwachsende sich darüber unterrichten, dass angeborene Homosexualität außerordentlich selten ist, sich psychische Blockaden in der Kontaktmöglichkeit zum anderen Geschlecht bei entsprechender Motivation durch Psychotherapie auflösen lassen, und dass bei relativer Unentschiedenheit in diesem Alter mit einem geduldigen Zuwarten und Ausreifen mehr gewonnen ist als durch ein leichtfertiges Experimentieren mit dem Geschlechtstrieb. Denn wenn homosexuelle Praktiken erst zu einer langjährigen Gewöhnung geführt haben, ist eine Umorientierung des Antriebs nur noch unter schwersten Anstrengungen möglich.

Zu einer befriedigenden Sinnerfüllung des Lebens, zu einer fundamentalen und ergänzenden Liebe kommt der Mensch eben nur durch den wesensmäßig anderen, den gegengeschlechtlichen Partner. Verantwortungsbewusste Eltern müssen daher die anstehenden Fragestellungen mit ihren heranwachsenden Kindern diskutieren. Das wird in nächster Zeit noch dringlicher werden, da Gesetze vor der Verabschiedung stehen, die die Grenzen verschwimmen lassen. Gerade in der Entwicklungsphase, in der die Heranwachsenden am ehesten des Schutzes bedürften, werden sie oft allein gelassen und den Versuchungen preisgegeben. Die Eltern sind daher herausgefordert, ihren Kindern eine innere Ruhe und eine gewisse Sicherheit zu vermitteln, damit sie in Geborgenheit reifen und heranwachsen können. Es steht den Jugendlichen zu, zunächst – manchmal recht lange – Suchende zu bleiben. Der passende Lebensgefährte wird manchmal erst in späteren Jahren gefunden. Niemand sollte auf diesem Gebiet drängen oder beschleunigen wollen.

Es ist auch normal, so etwas wie Anfangsangst vor der Bindung an einen Partner des anderen Geschlechts zu haben. Damit drückt sich keinesfalls eine neurotische Gehemmtheit aus, sondern eine natürliche Hemmschwelle vor dem raschen Abenteuer, auch berechtigte Furcht vor der Zeugung eines Kindes, dessen Existenz von den jungen Leuten noch gar nicht gesichert werden kann. Also auch diese »Angst« vor einem gegengeschlechtlichen Partner und mancherlei Verliebtheit in einen gleichgeschlechtlichen sollten keineswegs der Fehldeutung dienen, dass man dann eben »anders« sei. Erst durch praktische Verführung und durch ideologische Verankerung werden gleichgeschlechtliche Sympathien zu einer ernsten Gefahr.

Die Tendenz zum Ausprobieren in der Adoleszenz erstreckt sich heute auch auf Bordellbesuche, den Umgang mit Callgirls und dergleichen. Das Ausprobieren der Sexualität mit käuflichen Frauen ist keine Ehevorbereitung. Neben der Möglichkeit, sich mit einer Geschlechtskrankheit oder gar mit Aids anzustecken, lauert hier die Gefahr, dass die Sexualität aus dem großen Liebeszusammenhang abgespalten wird und die Fähigkeit zu lieben – das heißt hellhörig, rücksichtsvoll und verzichtbereit zu sein – zugunsten eines maßlos wuchernden Geschlechtstriebes verkümmert.

Die Völkerkunde beweist es: Diejenigen Völker, die das Heiratsalter und die sexuellen Beziehungen in ihrer Jugend hinausschieben und keine Sofortbefriedigung von der Geschlechtsreife an erlauben, bilden hohe Kulturen, weil die Liebessehnsucht die geistige Kraft und die Phantasie beflügelt. Ferner ist erwiesen, dass satte sittenlose Zeiten in den Völkern einen Niedergang ihrer Kunst und ihrer Kultur verzeichnen, wogegen die mönchischen Gelübde Armut, Keuschheit und Gehorsam vom Mittelalter an den Grundstein zur Entwicklung der europäischen Hochkultur gelegt haben.

Hinweise dieser Art sollten jedoch nicht den Eindruck erwecken, dass unsere natürlichen Antriebe feindliche Mächte seien. Vielmehr müssen Jugendliche von gereiften, erfahrenen Erwachsenen hören, dass die gewaltige Energie, die in der Sexualität steckt, umso sinnvoller eingebracht werden kann, je angemessener sie in den Gesamtzusammenhang des Lebens eingeordnet worden ist.

Es darf den Adoleszenten auch nicht die Bilanz vorenthalten werden, dass sich das Modell der so genannten Vorehe nicht so bewährt hat, wie es gedacht worden war: als eine Einrichtung, in der sich die Partner vorher gründlich kennen lernen und ihre bestmögliche Auswahl treffen, so dass schließlich glücklichere Ehen entstehen. Vielmehr hat es sich gezeigt, dass viele Partner, die ohne Trauschein zusammenlebten, nachdem sie sich großes seelisches Leid zufügten, wieder auseinander gehen, einige den Zeitpunkt zur Familiengründung überhaupt verpassen und diejenigen, die letztlich doch heiraten, sich schneller und in größerer Zahl scheiden lassen, als die, die keine Ehe auf Probe geführt haben.

III. Lieben – was ist das?

Unser »Großexperiment« hat gezeigt: Wir alle sind auf Liebe hin angelegt, wir alle sehnen uns nach Liebe. Aber Lieben zu lernen, das bedeutet mehr, als von der Geschlechtsreife an sexuelle Beziehungen zu haben. Sexualisierung allein bringt dem Menschen allenfalls kurzfristiges Glück, niemals langfristige Befriedigung, ja, zu frühe sexuelle Betätigung kann die Ausreifung zur Liebesfähigkeit geradezu verhindern. Das menschliche Wesen tendiert zur seelischen Ausdifferenzierung und Verfeinerung. Deshalb liegt echtes, dauerhaftes Glück auf einer höheren Ebene. Die Wir-Bildung zweier Partner besteht keineswegs aus geschlechtlichem Leben allein, sondern ergibt sich aus dem Gewachsensein einer Partnerschaftsbeziehung.

Dieses Wachsen einer Partnerschaftsbeziehung zur Liebe ist ein Entwicklungsprozess, der die gesamte Kindheit, die Jugendzeit, einschließlich der Adoleszenz als Vorbereitung braucht. Das Lieben in einem umfassenden menschlichen Sinne setzt voraus, sich in den anderen einzufühlen, ihn zu verstehen, seine Situation, seine Ängste und Wünsche aufnehmen und in das eigene Leben einbeziehen zu können. Ob eine gegengeschlechtliche Beziehung dauerhafte Liebe wird, hängt davon ab, inwieweit geistig-seelische Übereinstimmung in den Partnern wachsen kann.

Nur auf der Basis eines solchen Erlebens kann Liebe in einer den ganzen Menschen befriedigenden Weise entstehen. Dafür ist die gemeinsame Verantwortung, besonders aber die Verantwortung für gemeinsame Kinder ein wirkungsvolles Lernfeld.

Sexuelle Lust allein ist also nicht gleich der Fähigkeit zu lieben. Sie ist die Beigabe zu derjenigen Triebbetätigung, die das Fortbestehen der Menschheit auf dieser Erde absichert. Deshalb mag es wohl ein Teilziel des Liebens sein, sich gegenseitig mit Lust zu beschenken, aber das macht das Hochziel des eigentlichen Lebens noch nicht aus. Triebbefriedigung allein kann Egozentrik nicht überwinden. Vielmehr ist die eigentliche Sehnsucht des Menschen darauf gerichtet, sich durch seine Vereinigung mit einem Du – miteinander und füreinander verantwortlich – dem Leben und seinen Aufgaben zu schenken. Auch noch so verfeinerte Sexualität, herausgelöst aus diesem Zusammenhang, lässt die nach Liebe hungernden Menschen schließlich enttäuscht, geschädigt, ausgehöhlt zurück. Deshalb genügt es dem Liebesbedürfnis des Menschen niemals auf Dauer, nur sexuelle Befriedigung zu erleben.

Zum Lieben gehört, gegen einen spontanen Drang – aus Hinneigung zu einem anderen und aus Verantwortung für ihn – auch einmal auf etwas verzichten zu können. Lieben zu lernen heißt, weit über jedes Lustziel hinaus sich zu üben: in der Achtung voreinander; in der Fürsorge füreinander; in der Mühsal, die Fehler des anderen anzunehmen; in der überwindenden Größe, sich gegenseitig zu verzeihen; in der Bereitschaft, besonders in der Not und in Zeiten von Schicksalsschlägen zusammenzustehen.

Übungen dieser Art, die allein in einem verpflichtenden Lebensbund möglich sind, vermitteln erst eine Bindung, die die Abgetrenntheit des Einzelnen auflöst, und im Erleben solcher Liebe wird Sexualität dann zu einer Krönung des Bundes. Dieses Lieben zu lernen, muss das Ziel aller Sexualaufklärung sein.

Es ist die Aufgabe der Erzieher unserer Kinder, ihnen zur Entfaltung ihrer Liebesfähigkeit zu verhelfen. Das bedeutet aber vorrangig, dass ihre Einfühlsamkeit, Hingabebereitschaft und treue Bindungsmöglichkeit entwickelt werden. Erst diese Voraussetzungen können die jungen Menschen dazu befähigen, in einer späteren Ehe ihre Antriebe, besonders die Sexualität, in wahre menschliche Liebe einzubinden und damit ebenso maßvoll wie rücksichtsvoll umzugehen.

Die Sexwelle hat uns die harte Wahrheit gelehrt, dass die Bestimmung des Menschen, die Liebe in der Welt zu vermehren, in Frage gestellt wird, wenn bei Kindern die Sexualität zu früh aktiviert und bei Jugendlichen die Triebebene zu sehr in den Mittelpunkt gerückt wird. Die Kultivierung des Liebens gehört offenbar zu der elementarsten Aufgabe der Menschheit. Ihr haben wir zu dienen, um der Jugend zu Glück, Zukunft und echtem Fortschritt zu verhelfen.